열공!

베트남어
말하기와
OPI

Digis

열공 베트남어 말하기와 OPI

저자 이동준
감수 Prof.Dr. Du Ngoc Ngan

1판 1쇄 2019년 4월 5일
발행인 김인숙   발행처 디지스   교정·편집 김태연·김혜경
Designer Illustration 김소아
Printing 삼덕정판사

139-240
서울시 노원구 공릉동 653-5

대표전화 02-967-0700
팩시밀리 02-967-1555
출판등록 6-0406호
ISBN 978-89-91064-89-8

인터넷의 세계로 오세요!
www.donginrang.co.kr

 홈페이지에서 MP3 무료 다운로드할 수 있습니다.
www.donginrang.co.kr

◘Digis 에서는 참신한 외국어 원고를 모집합니다. e-mail : webmaster@donginrang.co.kr

저자의 글

"아들, 앞으로는 베트남이다. 베트남 가보지 않을래?" 아버지의 말씀을 계기로 2007년, 20살이라는 나이에 가족, 친척, 지인 하나 없이 혈혈단신으로 베트남 유학길에 올랐습니다. 베트남에 대한 사전지식이라고는 Xin Chào 라는 인사말 하나만 가지고 시작한 유학 생활은 처음에는 물론 순탄치 않았습니다. 하지만, 본격적으로 베트남어 공부를 시작하며 '베트남'과 '베트남어'의 매력에 빠지게 되었습니다.

베트남어 수능 제2외국어 선정, 한-베 교류 증가, 베트남 진출 한국기업 4천개 이상 등 국내에서 베트남어 수요는 꾸준히 늘어나고 있는 추세이지만 본인의 베트남어 실력을 증명할 수 있는 시험은 FLEX와 OPI시험이 유일한 실정입니다. 그럼에도 불구하고, OPI시험을 준비할 수 있는 교재가 한국에 전무하다는 현실에 베트남 현지에서 직접 살았던 경험과 더불어 많은 베트남 지인들의 도움을 바탕으로 본 교재를 작성했습니다. 본 교재를 통해 많은 분들이 베트남어 능력향상 뿐만 아니라 베트남에 대한 관심과 사랑이 높아지길 기원합니다.

마지막으로 본 교재 출판을 위해 많은 도움을 주신 박창호 박사님과 바쁘신 와중에도 기꺼이 본 교재에 대해 감수를 해주신 Prof.Dr. Du Ngoc Ngan 호치민 국립 사범대학교 베트남학과 학과장님 그리고 지금은 하늘에 계시지만, 저자와 베트남의 첫 인연을 만들어주신 아버지, 물심양면으로 많은 도움을 주신 어머니와 모든 지인분들께 감사의 말씀을 올립니다.

OPI 란?

영어의 OPIc 시험에서 c가 빠진, 즉 컴퓨터와의 대화로 평가를 하는 방식이 아닌 시험관과의 1:1 인터뷰 방식으로, 크레듀에서 진행하는 제2외국어 말하기 평가시험입니다.

인터뷰 방식은 보통 꼬리물기로 진행되며, 주제별·상황별로 본인의 이야기를 해당 언어로 정확하고 자연스럽게 이야기해야 합니다. Native Speaker(면접관)가 20~30분 동안 Interviewee(수험생)의 수준에 따라 일상적인 화제(가족, 취미 등)부터 추상적이고 전문적인 내용까지 다양한 질의응답과 Role Play(역할극)를 통해 가능한 언어적 기능(묘사, 설명, 설득 등), 대응 가능한 화제 영역, 사용 언어의 정확성(발음, 어휘, 문법 등), 문장 구성 형태(단문, 복문 등) 등의 종합적인 능력에 따라 등급을 판정합니다.

다양한 논리표현 달인되기!

시험에 꼭 나오는
다양한 토픽 수록

토픽별 다양한 실전 답안을 통한
표현력 향상

유용한 표현들의 학습을 통한
논리력 향상

핵심문법과 어휘익히기를 통한
나만의 실력 향상

■ OPI 상세등급

Level	레벨별 요약정리
Superior	일반적인 언어구사에 정확성과 유창함을 보이며, 다양한 주제의 대화에 장시간 일관적, 효과적으로 참여 가능하다. 특수 분야에 대한 논의 및 복잡한 문제에 대한 구체적 설명을 함에 있어, 논리적인 주장과 대안을 제시하며 이를 뒷받침하는 가설을 구조화하고 발전시킬 수 있다.
AH (Advanced High)	시제를 정확히 구사하며 일관되고 완전한 서술이 가능하다. 가설을 세워 논리적인 설명을 통해 본인의 의사를 피력할 수 있다. 추상적, 전문적인 영역의 주제에 대한 토론이 가능하며 부족한 어휘는 다른 단어로 바꾸어 말하거나 예를 통해 설명하는 등의 대화 전략을 자신있게 구사함으로써 보완한다.
AM (Advanced Mid)	개인적인 주제의 대화를 적극적으로 수행할 수 있으며, 공적인 주제를 다룰 수 있다. 모든 시제를 사용함에 어려움이 없고 문단 단위의 대화가 가능하다. 논리적인 서술과 묘사 또한 문단 단위로 표현 가능하며, 일반적이지만 광범위한 어휘를 사용할 수 있다.
AL (Advanced Low)	사건을 서술할 때 일관적으로 동사 시제를 관리하고, 사람과 사물을 묘사할 때 다양한 형용사를 사용한다. 적절한 위치에서 접속사를 사용하기 때문에 문장간의 결속력도 높고 문단의 구조를 능숙하게 구성할 수 있다. 익숙하지 않은 복잡한 상황에서도 문제를 설명하고 해결할 수 있는 수준의 능숙도이다.
IH (Intermediate High)	개인에게 익숙하지 않거나 예측하지 못한 복잡한 상황을 만날 때, 대부분의 상황에서 사건을 설명하고 문제를 효과적으로 해결하곤 한다. 발화량이 많고 다양한 어휘를 사용한다.
IM (Intermediate Mid)	일상적인 소재뿐 아니라 개인적으로 익숙한 상황에서는 문장을 나열하여 자연스럽게 말할 수 있다. 다양한 문장 형식이나 어휘를 실험적으로 사용하려고 하며 상대방이 조금만 배려해주면 오랜 시간 대화가 가능하다.
IL (Intermediate Low)	일상적인 소재에서는 문장으로 말할 수 있다. 대화에 참여하고 선호하는 소재에서는 자신감을 가지고 말할 수 있다.
NH (Novice High)	일상적인 대부분의 소재에 대해서 문장으로 말할 수 있다. 개인 정보 등을 질문을 하고 응답을 할 수 있다.
NM (Novice Mid)	이미 암기한 단어나 문장으로 말하기를 할 수 있다.
NL (Novice Low)	제한적인 수준이지만 외국어 단어를 나열하며 말할 수 있다.

베트남어 OPI 시험은 약 30분 정도의 말하기 평가로 이루어집니다. 시험은 크게 세 가지 영역으로 기본 질문과 시사 질문 그리고 역할극으로 구성됩니다.

시험내용		
1. 기본 질문 **약 15분**	2. 시사 질문 **약 10분**	3. 역할극 **약 5분**

교재 활용법

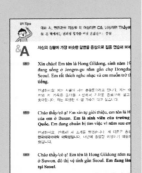

1 시험에 꼭 나오는 다양한 토픽 수록

자기소개에서 Role Play까지 시험에 꼭 나오는 다양한 토픽들을 모두 수록해 놓았습니다. 노하우 Tips는 각 주제별 학습 노하우를 정확하게 제시해 줍니다.

2 토픽별 다양한 실전 답안을 통한 표현력 향상

자신의 상황에 맞는 표현을 골라 심층학습을 할 수 있습니다. 또한, 원어민 발음으로 녹음된 MP3로 반복해서 학습하여 나만의 논리력을 향상시킬 수 있습니다.

3 표현 Tips들의 학습을 통한 논리력 향상

토픽별 다양한 표현의 모범답안과 표현 Tips를 활용하여 나만의 표현력은 물론, 논리력에도 자신감을 가질 수 있습니다.

4 바로 써먹는 문장과 문법 Tips를 통한 나만의 실력 향상

바로 써먹는 문장으로 실전 OPI에서 문장을 통째로 유용하게 사용할 수 있도록 구성하였고, 문법 Tips를 통해 기본 문법 지식과 핵심 노하우를 안내해 줍니다.

학습 요령

1. 듣기 요령

각 토픽별로 다양하게 준비되어 있는 질문과 답변들을 MP3를 들으며 소리 내서 흉내를 내는 것이 중요합니다. 발음, 억양, 뉘앙스 뿐만 아니라 표현력도 자신감을 가질 수 있게 해줍니다.

2. 말하기

눈으로 학습하지 말고 입으로 학습하세요. 준비되어 있는 다양한 토픽과 모범 답변들을 반복하여 소리 내서 읽고, 읽는 속도에 맞추어 머릿속으로는 내용을 파악해 가는 것이 중요합니다.

(1) 흉내 내기

준비되어 있는 MP3를 활용하여 소리 내서 흉내를 내는 것은 매우 중요한 학습 과정입니다. 꼭 흉내를 내보세요!

(2) 나만의 표현 만들기

간단하면서 구체적인 나만의 표현을 만들고 소리 내서 연습해 보세요. 짧지만 구체적으로 표현을 연습하면 꼬리물기 질문 등 돌발상황을 최소화 할 수 있습니다.

3. 표현력과 논리력 높이기

다양한 표현들을 많이 접하는 것이 가장 중요합니다. 많은 표현을 학습하게 되면 상황에 따른 표현력과 논리력이 향상됩니다. 단순히 암기하면 응용력이 떨어지고 나의 수준을 향상시킬 수 없습니다. 내가 좋아하는 소설책을 읽는다는 마음으로 다양한 표현을 반복해서 접해 보세요!

높은 점수를 받으려면?

베트남어 OPI 시험에서 고득점을 받기 위해서는 다음
세 가지 부분이 가장 중요합니다.

1 다양한 표현력

다양한 표현들을 많이 접하는 것이 가장 중요합니다. OPI와 같은 대화 (인터뷰)는
문법, 어순, 문장구조보다 말하고자 하는 내용을 다양하게 표현하여 내 의사를
전달하는 것이 핵심입니다. 본 교재를 활용하여 다양한 표현들을 습득할 수
있습니다.

2 질문의 핵심과 키워드 파악

핵심 질문과 질문 속의 키워드를 파악하는 것은 상대방의 질문을 이해한다
는 것입니다. 상대방 질문의 핵심과 키워드를 파악하면 어순이나 문법이
틀리더라도 정확한 답변을 할 수 있습니다. 인터뷰는 문법이 중요한 포인트가
아닙니다.

3 접속사 활용

다양한 표현을 할 수 있다 하더라도 문장을 단순히 나열하는 대화는 논리력이
부족한 것입니다. 그래서, 왜냐하면, ~에 따르면, 내가 생각하기에는 등의
다양한 접속사를 활용할 수 있어야 논리적인 의사전달이 됩니다. 본 교재를
통해 논리력을 향상시킬 수 있습니다.

나만의 학습 계획표

최고의 OPI 성적을 획득하기 위한 나만의 4주 완성 학습 계획표입니다. 아래의 학습 계획표에 맞추어 4주간 체계적으로 학습하고 2~3회 반복하여 익힌다면 Intermediate High(IH) 이상의 성적을 달성할 수 있습니다.

나만의 학습 계획표에 맞게 학습하면서 나의 상황과 수준에 맞는 나만의 표현을 준비하여 실전에 대비해야 합니다.

■ 4주 완성 나만의 학습 계획표

	1주차	2주차	3주차	4주차
1일	1과 토픽별 Q&A 실전연습 바로 써먹는 문장 문법 Tips	6과 토픽별 Q&A 실전연습 바로 써먹는 문장 문법 Tips	11과 토픽별 Q&A 실전연습 바로 써먹는 문장 문법 Tips	16과 Role Play 연습 (역할극)
2일	2과 토픽별 Q&A 실전연습 바로 써먹는 문장 문법 Tips	7과 토픽별 Q&A 실전연습 바로 써먹는 문장 문법 Tips	12과 토픽별 Q&A 실전연습 바로 써먹는 문장 문법 Tips	
3일	3과 토픽별 Q&A 실전연습 바로 써먹는 문장 문법 Tips	8과 토픽별 Q&A 실전연습 바로 써먹는 문장 문법 Tips	13과 토픽별 Q&A 실전연습 바로 써먹는 문장 문법 Tips	Role Play 복습 (역할극)
4일	4과 토픽별 Q&A 실전연습 바로 써먹는 문장 문법 Tips	9과 토픽별 Q&A 실전연습 바로 써먹는 문장 문법 Tips	14과 토픽별 Q&A 실전연습 바로 써먹는 문장 문법 Tips	
5일	5과 토픽별 Q&A 실전연습 바로 써먹는 문장 문법 Tips	10과 토픽별 Q&A 실전연습 바로 써먹는 문장 문법 Tips	15과 토픽별 Q&A 바로 써먹는 문장	**실전 연습** 3주간 준비한 나만의 표현 연습
6일 7일	1과~5과 나만의 표현 연습	6과~10과 나만의 표현 연습	11과~15과 나만의 표현 연습	

Contents

베트남어 성조 (Thanh điệu Tiếng Việt)

베트남어의 가장 큰 특징은 총 6개의 성조가 있는 언어라는 것입니다. 천만명 이상 사용하는 보편적인 언어 중 가장 성조가 많은 언어로써, 성조가 없는 한국어를 사용하는 우리에게 생소하면서도 학습 시 가장 어려운 부분이 바로 성조를 제대로 발음하는 것입니다.
성조를 달리 발음하면 의미가 전혀 달라지기 때문에 베트남어를 배울 때, 무엇보다 성조를 확실히 익히는 것이 최우선 과제입니다.

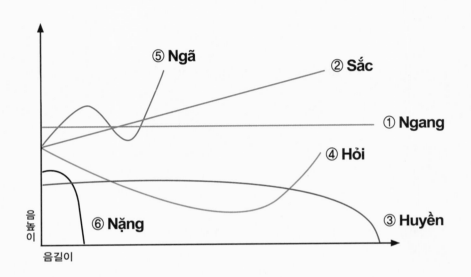

성조기호	설명	발음방법	예시	
① a (không dâu)	오름, 내림 없음	평성으로 음의 기준이 됨 우리말의 평상 소리보다 약간 높음	· Ma 마 · Ăn 앙	귀신 먹다
② á (dâu sắc)	길게 올림	중간음에서 천천히 낮게 발음함	· Má 마 · Nói 노이	엄마 말하다
③ à (dâu huyền)	길게 내림	평성에서 소리를 상승시킴	· Mà 마 · Gà 가	그러나 닭
④ ả (dâu hỏi)	내렸다 올림 평성보다 낮음	중간음에서 아래로 낮춘 다음 다시 중간음까지 올림	· Mả 마 · Hỏi 호이	무덤 물어보다
⑤ ã (dâu ngã)	내렸다 올림 평성보다 높음	중간음에서 약간 상승하다가 음을 멈춘 다음 다시 급격히 높힘	· Mã 마 · Nữ 느	말(馬) 여성
⑥ ạ (dâu nặng)	낮은데서 급격히 내림	급격히 음을 낮추고 끊음	· Mạ 마 · Một 못	귀신 하나(1)

베트남어(Chữ Quốc Ngữ) 문자·발음

베트남어는 아래와 같이 기본 29개의 알파벳으로 되어 있습니다.

알파벳	명 칭	발음	알파벳	명 칭	발음
A	A 아	ㅏ (길게)	M	Em mờ 엠머	ㅁ
Ă	Á 아	ㅏ (짧게)	N	En nờ 엔너	ㄴ
Â	Ớ 어	ㅓ	O	O 오	ㅗㅓ
B	BÊ 베	ㅂ	Ô	Ô 오	ㅗ
C	XÊ 쎄	ㄲ	Ơ	Ơ 어	ㅓ
D	북 제 (DÊ) 남 예 (DÊ)	북 ㅈ 남 ㅇ	P	Pe 뻬	ㅃ
Đ	ĐÊ 데	ㄷ	Q	Qui 뀌	ㄲ
E	E 애	ㅐ	R	E rờ 에러	북 ㅈ 남 ㄹ
Ê	Ê 에	ㅔ	S	Ét si 앳시	ㅅ
G	GIÊ 줴	ㄱ	T	Tê 떼	ㄸ
H	HÁT 핫	ㅎ	U	U 우	ㅜ
I	I ngắn 이 응안	ㅣ (짧게)	Ư	Ư 으	ㅡ
K	K 까	ㄲ	V	Vê 베	ㅂ
L	E lờ 엘러	ㄹ	X	Ích xi 익씨	ㅆ
			Y	I dài 이 자이	ㅣ (길게)

* 베트남어는 북부(HN)와 남부(HCM) 발음이 상당히 다릅니다. 이 중 D / R / V 세 알파벳은 발음 차이가 큼으로 먼저 숙지해놓도록 합니다. V의 경우 남부에서 경우에 따라 D와 비슷한 예 발음이 납니다.

  예 D : Dài (북 자이 / 남 야이), R : Rat (북 젓 / 남 럿), V : Vo (북 보 / 남 요)

* 영어 알파벳 중 F, J, W, Z가 존재하지 않습니다.

* 성조는 모두 모음 (A, E, I, O, U + Y) 아래 혹은 위에 사용됩니다.

■ 대표적인 이중·삼중 모음, 이중 자음

베트남어는 모음 두 개 혹은 세 개 이상 나오는 경우가 많습니다. 대표적인 이중·삼중 모음은 다음과 같으며, 예시 단어와 함께 발음을 익혀보도록 합시다.

이중·삼중모음	발 음	예시 단어	
iê	이에	Tiền	띠엔
ươ	으어	Được	드억
uô	우오	Uống	우옹
uy	우이	Duy	주이(유이)
iêu	이에우	Điều	디에우
ươi	으어이	Mười	므어이
ươu	으어우	Rượu	즈어우(르어우)
ia	이아 (아와 어의 중간발음)	Kia	끼아
ưa	으어 (아와 어의 중간발음)	Nữa	느어
ua	우아 (아와 어의 중간발음)	Mua	무아
ch	ㅉ	Chưa	쯔어
gh	ㄱ	Ghế	게
Kh	ㅋ	Khá	카
Ng	응	Ngã	응아
nh	ㄴ	Nhiều	니에우
Ph	ㅍ	Phụ	푸
Th	ㅌ	Thay	타이
Tr	ㅉ	Trà	짜
Gi	ㅈ	Giá	쟈

베트남어 호칭

베트남어에서 가장 중요한 부분 중에 하나가 호칭입니다. 베트남어는 대부분의 호칭들이 1인칭, 2인칭 명사로 사용됩니다. 그렇기 때문에, 호칭으로 인해 같은 문장이 존댓말이 될 수도 있고 반말이 될 수도 있음을 명심하면서 호칭을 꼭 익히도록 합시다.

베트남어는 모음 두 개 혹은 세 개 이상 나오는 경우가 많습니다. 대표적인 이중·삼중 모음은 다음과 같으며, 예시 단어와 함께 발음을 익혀보도록 합시다.

호 칭	가족 내	사 회
Ông	할아버지	손 위 남성, 사회적 지위가 높은 남성
Bà	할머니	손 위 여성, 사회적 지위가 높은 여성
Bác	큰아버지, 큰어머니	아버지보다 나이가 많거나 비슷할 경우
Chú	삼촌	아버지보다 나이가 적을 경우
Cô	고모, 아가씨	여자 선생님 (Cô giao)
Thầy		남자 선생님 (Thầy giao)
Cậu	외삼촌	친한 친구 사이에서의 너
Dì	이모	
Bố (Cha)	아버지	
Mẹ	어머니	
Anh	형, 오빠	손 위 남성, 자신보다 나이가 많은 경우
Chị	누나, 언니	손 위 여성, 자신보다 나이가 많은 경우
Bạn	친구	동갑 혹은 비슷한 나이 또래 친구로 칭할 때
Tôi	나(본인)	공식적인 자리에서 사용 혹은 초면일 때
Em	동생 남 Em Trai 여 Em Gái	손 아래 사람을 칭할 때, 혹은 상대방을 높여 주며 스스로를 낮출 때

베트남어는 2인칭 호칭을 1인칭 호칭으로 같이 씁니다. 예를 들어 삼촌 뭐하세요? 라는 질문에 한국어로는 나는 ~하고 있어 라고 대답하지만, 베트남어에서는 삼촌은 ~하고 있어 이런식으로 본인을 2인칭 호칭으로 지칭해서 대답하는 것이 보통입니다.

* 베트남을 가게 되면, 안 어이(Anh ơi), 찌 어이(Chị ơi), 엠 어이(Em ơi) 라는 단어를 가장 많이 듣고 접하게 됩니다. 이 때 사용하는 어이(Ơi)는 사람을 부를 때 쓰는 말(호격) 입니다.

* **3인칭 호칭** : 각 호칭 뒤에 ấy 만 붙여주면 되며 그누구~ 라고 해석하면 됩니다.

  예 Anh ấy 그 형/오빠/손 위 남성, bạn ấy 그 친구, Chị ấy 그 누나/언니/손 위 여성

    – 사람을 부를 때 쓰는 ơi 와 헷갈리지 않도록 합니다.

* 본 책에서는 편의상 나(본인)을 지칭할 때, **Tôi**가 아닌 **Em**으로 사용하였습니다. 보통 면접관 분들이 응시자보다 나이가 많을 뿐 아니라, 베트남 문화상 면접관-응시자의 경우 응시자는 본인을 지칭하는 호칭으로 Em을 사용하기 때문입니다.

Bài 1

Tự Giới thiệu
자기소개 하기

학습 목표 자기소개는 시험 도입부에 가장 많이 나오는 질문입니다. 이름, 가족관계, 거주지, 직업 등에 대해 기본~심화 내용을 익혀보겠습니다.

Q & A
1. 자기소개
2. 교통
3. 가족소개
4. 하는 일
5. 부모님 직업
6. 결혼

문법 Tips 육하원칙 Part 1

OPI 시험에서 자기소개는 아주 기본적인 질문사항입니다. 자기소개의 핵심요소는 이름, 가족관계, 거주지, 직업, 취미 등입니다.

더 상세하게 말하고 싶은 욕구가 있더라도, 너무 장황하게 말하거나 상세하게 설명하면 꼬리를 무는 질문들이 쏟아져 처음부터 인터뷰의 리듬이 깨지는 경우가 많습니다.

입사면접이 아니므로 위에서 언급한 핵심 요소를 중심으로 간략하게 답변하되, 내가 언급한 가족, 취미, 직업 등에 대한 추가적인 꼬리 질문과 돌발 질문들이 늘 도사리고 있다는 것을 염두에 두고 미리 준비를 하시기 바랍니다.

Tip

1. 시험 도입부라 할 수 있는 자기소개 시간은 1~2분 내에 마무리!

2. 이름, 가족관계, 거주지, 직업, 취미 등 핵심요소만 간결하게!

3. 취미를 말할 때는 가장 일반적인 것을 선택해서 말하기!

4. 추가 질문을 유발시킬 수 있는 장황한 설명은 금물!

Q & A *List*

Q1 Thông thường bạn có dành thời gian với gia đình không?
평소에 가족과 많은 시간을 보내나요?

YES
Dạ vâng! Sau khi về nhà em kể chuyện ngày đó cho mẹ nghe.
물론이죠! 퇴근하면, 보통 저는 어머니와 그날의 활동에 대해 이야기를 나눕니다.

NO
Dạ không thầy/cô ạ. Thông thường em làm ngoài giờ nhiều về nhà trễ nên không có thời gian nói chuyện với gia đình.
아닙니다, 선생님. 보통 야근이 많아서 귀가 시간이 늦기 때문에 가족과 대화할 시간이 없습니다.

SOSO
Sau khi về nhà em cố gắng nói chuyện cả gia đình nhưng hơi khó.
귀가하면 저는 가족들과 이야기를 나누려고 노력합니다만, 쉽지 않네요.

어휘 **kể chuyện** 이야기하다 **làm ngoài giờ** 야근하다 **cố gắng** 노력하다 **khó** 어려운

Q2 Bạn có thường xuyên dọn nhà không?
집 청소를 자주 하나요?

YES
Dạ có. Mỗi ngày em giúp mẹ dọn nhà. Em thích việc sắp xếp đồ đặc trong nhà.
네. 저는 매일 제 어머니를 도와 집 청소를 합니다. 집안의 물건들을 정리정돈하는 것을 좋아합니다.

NO
Dạ không. Em dọn phòng 1~2 lần trong một tháng. Thật là em hơi lười sắp xếp đồ đặc của mình.
아니요. 저는 보통 한달에 1~2번 방청소를 합니다. 사실, 저는 정리정돈을 하는 것에 게으른 편입니다.

SOSO
Thỉnh thoảng em dọn nhà. Em không thích phòng bừa bãi nhưng em cũng không muốn dọn nhà mỗi ngày.
가끔, 방 청소를 합니다. 방이 어지러운건 싫지만, 매일 청소를 하는 것도 싫습니다.

어휘 **dọn nhà** 집을 청소하다 **sắp xếp** 정리하다, 배치하다, 치우다 **đồ đặc** 물건 **lười** 게으른 **hầu hết** 거의, 대부분 **giống** ~와 유사한, 같은 **thỉnh thoảng** 가끔, 때때로 **bừa bãi** 어지러운, 난잡한 **mỗi ngày** 매일

Q 1 Xin tự giới thiệu về mình được không?

자신을 소개해 주세요.

 🎧 01-03

셈의 *Tips*

대화 시, 면접관을 지칭할 때 여성이면 Cô, 남성이면 Thầy를 사용합니다!

※ 본 책에서는 편의상 청자를 여성 면접관으로 통일

&A 자신의 상황과 가장 비슷한 답변을 중심으로 집중 연습해 보세요!

상황 1
Xin chào! Em tên là Hong Gildong, sinh năm 1993 ở Seoul. Gia đình em đang sống ở Jongro-gu nằm gần chợ Dongdaemoon còn em sống tại Seoul. Em rất thích nghe nhạc và em muốn trở thành một ca sĩ K-pop nổi tiếng.

안녕하세요! 저는 서울에 사는 홍길동이라고 합니다. 저는 1993년에 서울에서 태어났습니다. 저와 제 가족은 동대문 시장에서 가까운 종로구에 살고 있습니다. 저는 무척 음악을 좋아합니다. 저는 유명한 K-팝 가수가 되고 싶습니다.

상황 2
Chào thầy/cô ạ! Em xin tự giới thiệu, em tên là Hong Gildong. Quê hương của em ở Busan. **Em là sinh viên của trường đại học ngoại ngữ Hàn Quốc.** Em đang chuẩn bị tìm việc vì năm sau em sẽ tốt nghiệp đại học.

안녕하세요, 선생님! 제 소개를 하겠습니다. 제 이름은 홍길동이고 부산 출신입니다. **저는 한국외국어대학 대학생입니다.** 내년에 졸업할 예정이기 때문에 저는 현재 직장을 찾고 있는 중입니다.

상황 3
Chào thầy/cô ạ! Em tên là Hong Gildong năm nay 25 tuổi. Em đang sống ở Suwon, đô thị vệ tinh gần Seoul. **Em đang làm việc công ty quảng cáo tại Seoul.**

안녕하세요, 선생님! 제 이름은 홍길동이고 25살입니다. 저는 서울에서 가까운 위성도시의 하나인 수원에서 살고 있습니다. **저는 서울에 있는 광고회사에서 일하고 있습니다.**

표현
Tips

· 저는 ~대학교 학생입니다 **Em là sinh viên đại học~**

· 저는 ~ 회사에서 일하고 있습니다 **Em đang làm việc công ty~**

어휘 tự giới thiệu 자기소개를 하다 sinh năm 출생년도 chợ 시장 rất 매우, 무척 trở thành ~이 되다 sinh viên 대학생 tìm việc 일자리를 구하다 đô thị vệ tinh 위성도시 quảng cáo 광고

Bạn đến địa điểm thi bằng phương tiện gì?

시험장소까지 무엇을 타고 오셨나요?

 01-04

샘의 Tips

~를 타다(이동수단)를 표현할 때는 명사 앞에 **bằng** 을 사용합니다!

예 đi bằng xe máy 오토바이를 타고 가다 / đi bằng máy bay 비행기를 타고 가다

자신의 상황과 가장 비슷한 답변을 중심으로 집중 연습해 보세요!

상황 1
Em đi đến bằng taxi vì sợ đến trễ. Em trả phí taxi khoảng 15,000 won và em cảm thấy phí taxi rất đắt.

이 시험에 늦을 것이 걱정되어서 택시를 타고 왔습니다. 택시비로 약 15,000원의 요금을 지불했는데 요금이 매우 비싸다고 느꼈습니다.

상황 2
Em đã đi bộ đến đây vì nhà của em ở gần. **Từ nhà em đến đây mất khoảng 20 phút.**

이 시험장소가 집에서 가까워서 저는 그냥 걸어왔습니다. **저의 집에서 이곳까지 약 20분 정도 걸렸습니다.**

상황 3
Em đến đây bằng xe điện ngầm. Em nghĩ xe điện ngầm là phương tiện giao thông công cộng rất tiện. Vì xe điện ngầm luôn vận hành đúng giờ nên không cần lo lắng đến trễ.

저는 지하철을 타고 왔습니다. 제 생각에 지하철은 정말 편리한 대중교통 수단 중에 하나인 것 같습니다. 왜냐하면 항상 정해진 시간에 운행하기 때문에, 지각에 대해 걱정할 필요가 없기 때문입니다.

상황 4
Em đến đây bằng xe buýt lúc 12 giờ trưa. Thông thường em đi làm bằng xe buýt. Xe buýt dùng làn đường chuyên dụng riêng nên không sợ kẹt xe. Giá cước xe buýt là khoảng 1,500 won/lượt.

12시에 버스를 타고 왔습니다. 저는 출퇴근 시 보통 버스를 이용합니다. 버스는 전용차선이 있어서 차가 막힐 걱정을 할 필요가 없습니다. 요금은 대략 1,500원 정도입니다.

표현
Tips
· ~에서 ~까지 **Từ ~ đến ~**

· 저는 ~ 타고 왔습니다 **Em đến đây bằng ~**

어휘　tại vì ~때문에 phí(=Giá cước) 요금 đi bộ 도보로 걷다 xe điện ngầm 지하철 từ..đến..~부터 ~까지 lo lắng(sợ) 걱정하다, 두려워하다 trễ(muộn) 늦은, 늦다 giao thông công cộng 대중교통 làn đường chuyên dụng cho xe buýt 버스전용차선

Q 3 Quan hệ gia đình của bạn như thế nào?

가족관계가 어떻게 되나요?

 01-05

샘의 Tips

형·오빠 Anh Trai, 남동생 Em Trai, 누나·언니 Chị gái, 여동생 Em gái 로 표현합니다.

&A 자신의 상황과 가장 비슷한 답변을 중심으로 집중 연습해 보세요!

상황 1 Gia đình của em tất cả 5 người. Bố mẹ, em, 1 em gái và 1 em trai. Các em đã tốt nghiệp đại học và đang làm việc ở nước ngoài.

저희 가족은 총 5명입니다. 부모님과 저, 여동생 한명, 남동생 한명이 있습니다. 동생들은 이미 졸업해서 해외에서 근무하고 있습니다.

상황 2 Bố của em là công nhân viên chức nhưng đã về hưu từ năm ngoái. Còn mẹ em là giáo sư đại học ngoại ngữ Hàn Quốc khoa tiếng anh. Em là con gái một trong nhà.

제 아버지는 작년에 공무원 퇴직을 하셨습니다. 한편, 제 어머니는 한국외국어대학교 영문학과 교수이십니다. 저는 외동딸입니다.

상황 3 **Em là con thứ trong gia đình có 3 anh em.** Bố của em qua đời cách đây 10 năm. Mẹ của em là trưởng phòng nhân sự công ty Samsung.

저는 삼남매 중 둘째입니다. 제 아버지는 약 10년 전에 이미 돌아가셨습니다. 제 어머니는 삼성에서 인사부장으로 일하고 계십니다.

상황 4 Em có 2 em trai. Một em trai là lập trình viên, đang làm việc ở Hàn Quốc Telecom và em út đang trong quá trình làm tiến sĩ di truyền học ở Mỹ.

저는 2명의 남동생이 있습니다. 첫째는 한국 텔레콤에서 컴퓨터 프로그래머로 근무하고 있고 막내는 미국에서 유전학 분야 박사과정을 밟고 있습니다.

표현
Tips

• 저는 장남/장녀입니다 **Em là con cả trong gia đình**

• 차남/차녀 **Con thứ**, 막내 **Con út**. 나머지는 **Con** 다음 **thứ** + 숫자를 사용합니다.

어휘 bố mẹ 부모님 nước ngoài 해외 công nhân viên chức 공무원 về hưu 퇴직(은퇴)하다 con gái một 외동딸 qua đời 사망하다, 죽다 trưởng phòng (회사) 부장, 실장 lập trình viên 프로그래머 quá trình tiến sĩ 박사과정 di truyền học 유전학

Bạn làm nghề gì?

Q4 하시는 일이 무엇인가요?

 01-06

샘의 Tips

석사는 Thạc sĩ, 박사는 Tiến sĩ 로 표현합니다.

&A 자신의 상황과 가장 비슷한 답변을 중심으로 집중 연습해 보세요!

상황 1   **Chuyên ngành học của em là tiếng Anh** nên em đang làm hướng dẫn viên cho khách du lịch nước ngoài.

저의 전공이 영어이기 때문에, 저는 한국에 여행 오는 외국인 관광객을 위한 관광안내사로 근무하고 있습니다.

상황 2   Em đã nghỉ việc tại công ty thương mại quốc tế. Hiện nay em làm kinh doanh riêng là nhập khẩu thực phẩm từ Việt Nam và phân phối ở thị trường Hàn Quốc.

저는 국제무역상사에서 은퇴했습니다. 현재는 베트남에서 식자재를 수입하여 한국 내수시장에 유통하는 개인사업을 하고 있습니다.

상황 3   Em là sinh viên đại học Hàn Quốc khoa học tự nhiên. **Em đang chuẩn bị luận văn tốt nghiệp** vì năm sau em sẽ tốt nghiệp đại học.

저는 한국대학교 자연과학부 대학생입니다. 저는 내년에 졸업을 할 예정이기 때문에 **졸업 논문을** 준비하고 있습니다.

상황 4   Một tháng trước em đã tốt nghiệp đại học. Vì thế **em đang bận để chuẩn bị chương trình thạc sĩ sau đại học**. Em muốn học ngành quan hệ quốc tế, đặc biệt là ASEAN.

저는 지난 달에 이미 졸업을 하였습니다. 그래서, **저는 대학원 석사과정 입학시험 준비로 바쁩니다.** 저는 국제관계학, 특히 아세안에 대해 배우고 싶습니다.

표현   · 저의 전공은 ~ 입니다 **Chuyên ngành học của em là ~**
Tips   · 저는 현재 ~를 준비하고 있습니다 **Em đang chuẩn bị ~**

어휘   chuyên ngành 전공 hướng dẫn viên 관광안내사 khách du lịch 관광객 thương mại quốc tế 국제무역 nhập khẩu 수입 thực phẩm 식품(식자재) phân phối 공급하다, 분배하다 thị trường 시장 khoa học tự nhiên 자연과학 luận văn tốt nghiệp 졸업논문 tốt nghiệp 졸업, 졸업하다 chương trình thạc sĩ 석사과정 sau đại học 대학원 quan hệ quốc tế 국제관계 đặc biệt 특히, 특별한

Q5 Bố mẹ(hoặc anh em) của bạn làm nghề gì?

부모님(혹은 형제)은 무슨 일을 하시나요?

 01-07

샘의 Tips

회사의 보통 직원은 Nhân viên, 임원급은 Cán bộ 라고 표현합니다. 초등학교는 cấp I (Tiểu học), 중학교는 cấp II(Trung học cơ sở), 고등학교는 Cấp III(Trung học phổ thông)로 표현하며 우리나라와는 달리 초등 5년, 중등4년, 고등3년 과정을 거칩니다.

 &A

자신의 상황과 가장 비슷한 답변을 중심으로 집중 연습해 보세요!

상황 1

Bố của em đang làm việc ở ủy ban nhân dân Thành phố Seoul và mẹ em là nội trợ. **Trước đây mẹ em đã làm việc ở ngân hàng** tại SeongNam.

저의 아버지는 서울시청에서 근무하고 계시고, 어머니는 주부입니다. **과거에 제 어머니는 성남에 있는 은행에서 근무한 적이 있습니다.**

상황 2

Mẹ của em đang làm việc tại công ty kế toán nằm ở Jeonju. Mẹ em là kế toán viên được công nhận. **Bố của em đã qua đời 5 năm trước.**

저의 어머니는 전주에 있는 회계사무소에서 근무하고 계십니다. 어머니는 공인회계사이십니다. **아버지는 5년 전에 돌아가셨습니다.**

상황 3

Anh trai của em làm việc ở công ty quảng cáo vừa và nhỏ tại Seoul. Chị gái của em là giáo viên cấp một từ năm ngoái.

제 형은 서울에 있는 광고관련 중소기업에서 근무하고 있습니다. 누나는 작년부터 초등학교 교사로 재직중입니다.

표현 • 예전에 ~는 ~에서 근무했었습니다 **Trước đây ~ đã làm việc ở ~**

Tips • ~는 ~년 전에 돌아가셨습니다 **~ đã qua đời ~ năm trước**

어휘 ủy ban nhân dân Thành phố 시청 nội trợ 주부, 내조하다 kế toán 회계 kế toán viên được công nhận 공인회계사 qua đời 죽다, 사망하다 công ty vừa và nhỏ 중소기업 cấp một(=tiểu học) 초등학교

Bạn có lập gia đình chưa?

결혼은 하셨나요?

01-08

샘의 *Tips*

이미 결혼 했다는 표현으로 (đã) lập gia đình 또는 đã (được) kết hôn rồi 라고 합니다.
- Chồng 남편, Vợ 아내, Người nhà 집사람(와이프)

&A

자신의 상황과 가장 비슷한 답변을 중심으로 집중 연습해 보세요!

상황 1
Dạ chưa cô ạ. **Em muốn lập gia đình sau khi xin việc.** Trước khi kiếm được tiền em không có kế hoạch kết hôn.

아직요, 선생님. **저는 직업을 구한 후에 결혼을 하고 싶습니다.** 돈을 벌기 전에는 결혼할 계획이 없습니다.

상황 2
Dạ rồi. Em đã lập gia đình và có một con gái mới một tuổi. Dạo này thời gian hạnh phúc nhất của em là sau khi đi làm về chơi với con gái. Em rất yêu thương con.

네, 선생님. 저는 이미 결혼을 했고 한 살된 여자 아이 한명이 있습니다. 요즘 저에게 가장 행복한 시간은 퇴근 후에 아이랑 같이 노는 시간입니다. 저는 아이를 정말 사랑합니다.

상황 3
Em chưa kết hôn nhưng cuối năm nay sẽ tổ chức đám cưới với bạn trai. **Ngày lễ kết hôn là ngày 12 tháng 11.** Em có kế hoạch sinh 3 con trở lên vì em là con gái duy nhất cho nên khi còn nhỏ em cảm thấy hơi cô đơn.

아직 결혼을 하지 않았지만 남자친구와 금년 말에 결혼 예정입니다. **결혼식 날짜는 11월 12일입니다.** 제 자신이 외동이라서 어렸을 적 외로움을 느꼈기 때문에 3명 이상 아이를 가질 계획입니다.

표현 · 저는 직장을 구한 후에 ~를 하고 싶습니다 **Em muốn ~ sau khi xin việc**
Tips · 제 결혼식 날짜는 ~입니다 **Ngày lễ kết hôn là ~**

어휘 **lập gia đình**(=kết hôn) 결혼하다 **xin việc** 취직, 직장을 구하다 **kiếm tiền** 돈을 벌다 **yêu thương** 사랑하다 **tổ chức** 조직하다, 열다 **lễ kết hôn** 결혼식 **trở lên** ~이상 **con trai/gái duy nhất** 외동아들/딸

Q1 자기소개 안녕하세요, 제 이름은 진수윤이고, 올해 저는 30살 입니다. 저는 현재 전주에 살고 있습니다.

Em ＿＿ là Jin Su Yoon, năm nay 30 ＿＿. Em đang ＿＿ ＿ JeonJu.

Q2 교통 저는 12시에 버스를 타고 왔습니다. 저는 출퇴근 시 보통 버스를 이용합니다

Em đến đây ＿＿＿ ＿＿ ＿＿＿ lúc 12 giờ trưa. Thông thường em ＿＿＿ ＿＿＿ bằng xe buýt.

Q3 가족소개 저희 가족은 총 5명입니다. 부모님과 저, 여동생 한명, 남동생 한명이 있습니다.

＿＿＿ ＿＿＿ của em tất cả 5 người. ＿＿＿ ＿＿＿, em, 1 ＿＿ ＿＿＿ và 1＿＿ ＿＿＿.

Q4 하는 일 저는 한국대학교 자연과학부 대학생입니다. 저는 내년에 졸업을 할 예정이기 때문에 졸업논문을 준비하고 있습니다.

Em là ＿＿＿ ＿＿＿ ＿＿ ＿＿ Hàn Quốc khoa học tự nhiên. Em ＿＿ ＿＿＿ ＿＿＿ luận văn tốt nghiệp vì năm sau em sẽ ＿＿ ＿＿＿ đại học.

Q5 부모님 직업 저의 아버지는 서울시청에서 근무하고 계시고, 어머니는 주부입니다.

Bố của em đang ＿＿＿ ＿＿＿ ở ủy ban nhân dân Thành phố Seoul và mẹ em ＿＿ ＿＿＿ ＿＿＿.

Q6 결혼 저는 이미 결혼을 했고 한 살된 여자 아이 한명이 있습니다.

Em ＿＿ ＿＿ ＿＿ ＿＿＿ và ＿＿ ＿＿ ＿＿ ＿＿ mới một tuổi.

바로 써먹는 문장

자기소개에 관한 다양한 표현을 응용할 수 있는 표현 Tip들입니다.

1 만나서 반갑습니다.
Rất vui được gặp anh/chị.

2 저는 베트남에서 유명한 사업가가 되고 싶습니다.
Em muốn trở thành một doanh nhân nổi tiếng trong Việt Nam.

3 베트남으로 유학을 가기 위해 베트남어를 배우고 있습니다.
Để đi du học ở Việt Nam, em đang học tiếng Việt.

4 제 아버지의 말씀들은 제 인생의 원동력입니다.
Những lời nói của bố là động lực cho cuộc sống của em.

5 저는 베트남어가 갈수록 중요해진다고 생각합니다.
Em nghĩ tiếng Việt càng ngày càng quan trọng.

6 베트남은 동남아시아 국가 내에서 가장 빠르게 발전하는 나라 중 하나입니다.
Việt Nam là một nước phát triển nhanh nhất trong Đông Nam Á.

7 요즘은 시간이 참 빨리 가는 거 같아요!
Dạo nay thời gian trôi nhanh thế!

8 저는 아직 면허증이 없어서 면허시험을 준비하고 있습니다.
Em chưa có bằng lái xe cho nên em đang chuẩn bị thi lấy giấy phép lái xe.

9 저는 사귀는 사람이 없습니다. 저는 독신주의입니다.
Em không có người yêu. Em là một người chủ theo nghĩa độc thân.

10 저는 현재 사귀고 있는 애인이 있습니다. / 남자 [여자]친구가 있습니다.
Em có người yêu / Em có bạn trai [gái].

11 저는 커피숍에서 아르바이트를 하여 제 스스로 학비를 냅니다.

Em tự trả học phí vì em làm thêm ở quán cà phê.

12 어떻게 설명드려야 할 지 모르겠네요.

Em không biết giải thích như thế nào.

13 제가 중학생 때 교내 웅변대회에서 1등을 한 적이 있습니다.

Khi em học trung học cơ sở, em đã nhận giải nhất cuộc thi hùng biện trong trường học.

14 저는 예전에 베트남어 학습 동아리에서 활동한 적이 있습니다.

Trước đây, em đã hoạt động trong câu lạc bộ học tiếng Việt.

15 내가 힘들거나 슬플 때 친구들은 나에게 힘이 되어주고 즐겁게 해줍니다.

Khi gặp khó khăn và buồn bạn bè em giúp đỡ và làm cho em vui.

16 저는 교환학생 프로그램으로 미국에 간 적이 있었습니다.

Em đã đi Mỹ qua chương trình sinh viên trao đổi.

17 "매순간 최선을 다하자"가 제 좌우명입니다.

"Hãy cố gắng hết sức trong từng khoảnh khắc" là châm ngon sống của em.

18 저는 이번에 OPI 시험을 처음 보기 때문에 많이 떨립니다.

Đây là lần đầu tiên đi thi OPI, em cảm thấy rất lo lắng.

19 오늘 시험 때문에 긴장해서 어젯밤에 몇 시간 잠을 못 이루었습니다.

Hôm qua, em chỉ ngủ được mấy tiếng vì căng thẳng nhiều cho cuộc thi hôm nay.

20 잘 못 들었는데요, 다시 한번 말씀해 주시겠어요?

Em nghe không rõ, xin nói lại dùm.

문법 Tips 1

회화의 기본이 되는 육하원칙을 익혀봅시다. 이번 장에서는 누가, 언제, 어디서 의 문장 구조와 예시를 알아보도록 하겠습니다.

1.누구(Who) : Ai

> ① **Ai là** + 명사　② 명사 + **là ai**　③ **Ai** + 동사/형용사

Ai 와 함께 명사가 사용될 때는 là가 반드시 포함되어야 하지만, 동사/형용사가 함께 사용될 때는 là가 들어가지 않습니다.

- **Ai là** Dong hwan? 　　　　　누가 동환이야?
- Dong hwan **là ai**? 　　　　　동환이가 누구야?
- **Ai** học tiếng Việt? 　　　　　누가 베트남어를 공부하니?
- **Ai** uống cà phê? 　　　　　　누가 커피를 마시니?

2. 언제(When) : Bao giờ, Khi nào, Lúc nào

> (Bao giờ, Khi nào, Lúc nào) 주어 + 서술어 (Bao giờ, Khi nào, Lúc nào)

언제를 표현하는 단어가 문장 앞에 위치할 때는 미래에 대한 질문이고, 문장 뒤에 위치할 때는 과거에 대한 물음입니다.

- **Khi nào** anh (sẽ) về nhà? 　　언제 집에 가세요?
- Anh (đã) về nhà **bao giờ**? 　　언제 집에 갔어요?
- **Bao giờ** chị (sẽ) đi Hàn Quốc? 언제 한국에 갈 건가요?
- Chị (đã) đi Hàn Quốc **khi nào**? 언제 한국에 갔어요?

3. 어디서(Where) : Đâu

> A + 동사 + Đâu　일반적으로 동사와 결합해서 사용됩니다. (ở, đi, đến, để 등)

- Nhà của chị ở **đâu**? 　　　　집이 어디세요?
- Em đi **đâu**? 　　　　　　　어디 가?
- Cái này để **đâu**? 　　　　　이거 어디에다 둬?

다음과 같은 형태인 경우, Đâu 는 강한 부정의 의미를 가지고 있습니다.

> Không + 동사/형용사 + Đâu / Đâu có + 동사/형용사 + (Đâu)

- Tôi **không** biết **đâu**. 　　　전 진짜 몰라요.
- **Đâu có** biết (đâu). 　　　　어떻게 알아요(진짜 몰라요).
- Em **không** lạnh **đâu**. 　　　하나도 안 추워요.
- **Đâu có** dễ. 　　　　　　　전혀 쉽지 않아요.

Bài 2
Nói về sở thích và hoạt động của bạn
취미와 활동에 대해 말하기

학습 목표	취미와 활동은 도입부에서 자주 물어보는 질문입니다. 주말이나 평소에 할 수 있는 활동과 그에 따른 심화 내용을 익혀봅시다.
Q & A	1. 취미
	2. 활동
	3. 취미개발
	4. 귀가 후 활동
	5. 취미에 대한 의견
문법 *Tips*	육하원칙 Part 2

OPI 시험에서 자기소개를 할 때 또는 별도의 주제로 항상 질문을 받게 되는 토픽입니다. 자신의 취미와 여가시간이나 주말에 하는 활동들에 대해 대답할 수 있어야 합니다.

항상 꼬리를 무는 질문이 이어지기 때문에 거창한 취미나 활동보다는 간단하거나 대중적인 활동을 중심으로 준비를 해야 합니다. 인터뷰의 핵심은 "**논리**"입니다. 단순히 문장을 외워 시험에 응하지 말고 자신의 취미와 주말활동에 대해 논리적으로 준비해야 합니다.

취미나 주말활동(여가활동) 등에 대한 대화에서는 반드시 "**왜?**"라는 질문을 하게 됩니다. 왜 그 취미를 좋아하는지?, 왜 그 활동을 하는지? 등에 대해 논리적으로 답변할 수 있어야 합니다.

Tip

1. 자신의 취미에 대한 이유와 논리 준비하기!

2. 주말이나 여가시간에 하는 활동에 대해 논리 준비하기!

3. 취미가 없거나 특별한 활동을 하지 않는다면 그 이유는?

4. 추가 질문을 피할 수 있도록 간단, 명료, 논리가 관건!

🎧 02-01

Q1

Bạn có thích leo núi không?
당신은 등산을 좋아하나요?

YES

Dạ vâng ạ. Leo núi là sở thích của em. Thông thường em leo núi Bukhan với bạn bè vào ngày chủ nhật.

네. 등산이 저의 취미입니다. 보통 저는 일요일에 제 친구들과 함께 북한산을 등산합니다.

NO

Không ạ. Em thích biển hơn so với núi. Cho nên mỗi mùa hè em đi tắm biển với bạn.

아닙니다. 저는 산보다 바다를 더 좋아합니다. 저는 매년 여름 친구들과 해수욕장으로 놀러갑니다.

SOSO

Nếu có ai rủ em đi chung thì đi thôi nhưng em không thích lắm. Tuy nhiên, em thích đi dạo gần nhà.

저에게 가자고 청하는 사람이 있으면 가지만 그렇게 좋아하지는 않습니다. 그렇지만, 집 주변을 산책하는 것은 좋습니다.

어휘　leo núi 등산　so với ~에 비해　đi tắm biển 해수욕하다　rủ 권하다, 초대하다　tuy nhiên 그럼에도 불구하고
　　　đi dạo 산책하다

Q2

Bạn có bao giờ hoạt động từ thiện chưa?
봉사활동을 한 적이 있나요?

YES

Dạ vâng ạ. Khi sinh viên em đã vào câu lạc bộ hoạt động từ thiện tên là "High Fly".

네. 제가 대학에 다닐 때 "하이 플라이"라는 동아리에 가입한 적이 있습니다.

NO

Chưa ạ. Em chưa bao giờ hoạt động từ thiện. Em cảm thấy rất xấu hổ về điều này.

아니요. 아직까지 저는 봉사활동에 참여한 적이 없습니다. 이 점에 대해서 저는 굉장히 부끄러움을 느낍니다.

SOSO

Theo em nhớ, em đã tham gia một hai lần khi em là học sinh.

기억하기로는, 학창시절에 한두 번 봉사활동에 참여한 적이 있습니다.

어휘　câu lạc bộ 동아리, 클럽　hoạt động từ thiện 봉사활동　xấu hổ 부끄러운　điều này 이것　thăm gia
　　　참가하다　Theo em nhớ 제 기억에는

Q1 Sở thích của bạn là gì?

당신의 취미는 무엇인가요?

 02-03

샘의 Tips

가장 많이 접하게 되는 빈도부사는 다음과 같습니다.

(주어)+빈도부사 혹은 빈도부사+(주어) 형태 를 가집니다.

ít khi 드물게 < thỉnh thoảng 가끔, 때때로 < thường 보통 < luôn luôn 항상

자신의 상황과 가장 비슷한 답변을 중심으로 집중 연습해 보세요!

상황 1

Sở thích của em là bóng đá nên vào cuối tuần em chơi đá banh với bạn bè. Ngoài ra, **em không những thích đá banh mà còn xem bóng đá** nữa cho nên thỉnh thoảng em cũng xem các trận bóng.

저의 취미는 축구입니다. 저는 항상 주말마다 친구들과 모여서 축구를 합니다. **축구를 하는 것 뿐만 아니라 보는 것도 좋아하기** 때문에 종종 주말에 축구 경기를 시청을 합니다.

상황 2

Sau khi về nhà em đi xe đạp với các con. Em nghĩ đi xe đạp là một sở thích tốt vì đi xe đạp có thể giữ gìn sức khỏe và trở nên gần gũi với con cái.

저는 퇴근 후 아이들과 함께 자전거를 탑니다. 자전거를 타면 제 건강도 유지할 수 있으며, 아이들과의 관계도 친밀하게 유지할 수 있기 때문에 자전거를 타는 것은 좋은 취미라고 생각합니다.

상황 3

Em thường chơi bida từ khi học trung học phổ thông. Vào thời gian rảnh em chơi bida với người thân khoảng 1~2 tiếng. Em chơi không giỏi nhưng khi em chơi thì cảm thấy giải tỏa căng thẳng.

저는 고등학교 시절부터 당구를 즐겨 쳤습니다. 시간이 있을 때, 지인들과 함께 당구장에 가서 1~2시간씩 당구를 칩니다. 당구를 잘 치지는 못하지만, 당구를 칠 때 스트레스가 풀리는 느낌이 드는 것이 좋습니다.

표현 Tips

· 저는 ~도 좋아하고 ~또한 좋아합니다 **Em thích không những ~ mà còn ~**

· **Không những A mà còn B** 형식의 문장을 구사 시 면접관에게 논리적으로 보일 수 있습니다!

어휘 sở thích 취미 bóng đá 축구 cuối tuần 주말 trận bóng 축구경기 ngoài ra 그 밖에, 게다가 không những~ mà còn~ ~뿐만 아니라 ~이기도 하다 sau khi ~한 후에 đi xe đạp 자전거를 타다 giữ gìn 유지하다 지키다 gần gũi 친밀한 con cái 자식 chơi bida 당구를 치다 trung học phổ thông 고등학교 giỏi 잘하는 giải tỏa ~를 풀다, 해소하다 căng thẳng 스트레스

Bạn thường làm gì trong cuối tuần?

주말에 주로 어떤 활동을 하나요?

 02-04

샘의 *Tips*

남자친구는 Bạn trai, 여자친구는 Bạn gái, 성별 상관없이 애인은 Người yêu 로 표현할 수 있습니다! 친한 친구의 경우 Bạn thân 을 사용합니다.

&A

자신의 상황과 가장 비슷한 답변을 중심으로 집중 연습해 보세요!

상황 1

Cuối tuần em thường đi chơi với bạn trai/gái hoặc đi nhậu với bạn thân. **Nếu không thì** em xem tivi hay đi ngủ để bớt mệt mỏi trong ngày thường.

저는 주말에 남자/여자 친구를 만나서 데이트를 하거나 친구를 만나 술을 한잔 하러 갑니다. **그렇지 않을 경우,** 평일에 출근해서 쌓인 피로를 풀기 위해 집에서 TV를 보거나 부족한 잠을 청합니다.

상황 2

Mỗi chủ nhật em đi trung tâm ngoại ngữ để học tiếng Việt. Nói thật, việc học tiếng Việt vào cuối tuần thỉnh thoảng làm cho em cảm thấy hơi mệt mỏi và đau đầu nhưng **em chăm chỉ học tiếng Việt để làm kinh doanh riêng ở Việt Nam.**

저는 매주 일요일마다 학원에 가서 베트남어를 공부합니다. 사실, 주말에 공부하는 것은 가끔 피곤하고 힘이 들때도 있지만, **베트남에서 개인 사업을 하기 위해 열심히 베트남어를 공부하고 있습니다.**

상황 3

Xem phim là một sở thích của em. Vì thế cuối tuần em thường đi xem phim với bạn hoặc đi một mình. **Em nghĩ việc xem phim giúp em giải tỏa căng thẳng.**

영화보는 것은 제 취미 중에 하나입니다. 그래서 저는 보통 주말에 친구 혹은 혼자 영화를 보러 갑니다. **저는 영화 보는 것이 스트레스를 해소하는데 도움을 준다고 생각합니다.**

표현
Tips

- ~하지 않을 경우 **Nếu không thì ~**
- ~를 위해 열심히 베트남어 공부를 하다 **Em chăm chỉ học tiếng Việt để ~**
- ~는 스트레스 해소에 도움을 준다고 생각합니다 **Em nghĩ ~ giúp em giải tỏa căng thẳng**

어휘 đi nhậu 술을 마시러 가다 bớt 줄이다, 감소시키다 trung tâm ngoại ngữ 학원(어학원) đau đầu 머리가 아픈 một mình 혼자

Q3 Hoạt động giải trí nào được trở thành việc làm ăn? 어떤 취미가 비즈니스가 될 수 있을까요?

🎧 02-05

샘의 Tips

Trở thành 과 Trở nên 모두 ~이 되다라는 뜻을 가지지만, Trở thành 뒤에는 **명사**, Trở nên 뒤에는 **동사/형용사**가 사용됩니다.

예 Trở thành Bác sĩ 의사가 되다, Trở nên đẹp hơn 더 예뻐지다

&A 자신의 상황과 가장 비슷한 답변을 중심으로 집중 연습해 보세요!

상황 1

Theo em nghĩ, sưu tầm tem cũ **có thể được trở thành việc làm ăn**. Tem cũ **càng cũ càng tăng giá trị** nên những tem cũ quý hiếm được bán giá rất cao.

저는 오래된 우표를 모으는 **것이 비즈니스가 될 수 있다고** 생각합니다. **오래된 우표들은 오래될수록 값어치가 올라가기** 때문에 희귀한 우표들은 매우 높은 가격에 팔리기도 합니다.

상황 2

Em nói thật, em không biết cô ạ. Em nghĩ sở thích là một hoạt động dành cho bản thân giúp mình vui và giải tỏa căng thẳng chứ không phải là hoạt động kinh tế. Vì vậy, em chưa bao giờ nghĩ đến việc kiếm tiền với sở thích.

솔직히 잘 모르겠습니다. 저는 취미활동은 스스로의 즐거움과 스트레스 해소를 위해 필요한 행동이지 경제활동을 위한 것은 아니라고 생각합니다. 취미활동을 돈을 버는 행위와 연관하여 생각해본 적이 없습니다.

상황 3

Đa số mọi người nói, câu cá là một sở thích lãng phí thời gian. Nhưng người có sở thích câu cá thì chắc chắn là có ý kiến khác. Theo em, sở thích này có thể trở thành việc làm ăn.

많은 사람들이 낚시는 시간을 낭비하는 취미라고 말합니다. 그러나, 이 취미를 갖고 있는 사람은 분명히 다른 의견을 갖고 있을 것입니다. 제 생각에는, 이 취미는 사업거리가 될 수 있습니다.

표현 Tips

• ~는 비즈니스가 될 수(돈을 벌 수) 있습니다   **có thể được trở thành việc làm ăn**

• ~할수록 ~하다   **càng ~ càng ~**   *많이 쓰이는 관용구 중 하나입니다.
　예 **Càng nhanh càng tốt** (빠를수록 좋다), **Càng học càng khó** (공부할수록 어렵다)

어휘   hoạt động giải trí 여가활동, 취미활동 sưu tầm 수집하다, 모으다 việc làm ăn 사업하다, 돈벌이를 하다 giá trị 가치 quý hiếm 희귀한, 귀중한 hoạt động kinh tế 경제활동 chưa bao giờ ~한 적이 없다 câu cá 낚시, 낚시를 하다 lãng phí 낭비하다, 소비하다 chắc chán 확실한 ý kiến 의견

37

Q4 Bạn thường làm gì sau khi về nhà?

퇴근/귀가 후에 무엇을 하나요?

 02-06

Hoặc 은 "~거나, 혹은" 이라는 의미로 A hoặc B 로 사용됩니다. 동의어로 hay 라는 단어가 있습니다. 하지만 hay 는 **기분 좋은, 자주 ~하다**라는 뜻도 가지고 있는 다의어 임을 유의합시다.

 &A 자신의 상황과 가장 비슷한 답변을 중심으로 집중 연습해 보세요!

상황 1
Em thường xem tivi hoặc chơi game online sau khi về nhà. Khi em chơi game với bạn ở quán PC em rất vui. **Nhiều người nói là chơi game không tốt** nhưng ý kiến em khác.

저는 퇴근 후에 티비를 보거나 온라인 게임을 즐깁니다. 친구들과 PC방에 가서 게임을 할 때 정말 즐겁습니다. **많은 사람들이 게임은 좋지 않다고** 하지만 제 의견은 다릅니다.

상황 2
Em tập thể dục ở câu lạc bộ thể hình gần nhà. Khi làm việc ở công ty hầu hết thời gian chỉ ngồi trong văn phòng nên không có thời gian tập thể dục. **Em cố gắng tập thể dục để giữ sức khỏe và ăn kiêng.**

저는 집 근처에 있는 헬스클럽에 가서 운동을 합니다. 회사에서는 대부분 시간을 앉아서 보내기 때문에 운동을 할 시간이 없습니다. **다이어트도 하며 제 건강을 지키기 위해 열심히 운동을** 하고 있습니다.

상황 3
Khi quá mệt mỏi em thường nghỉ ngơi ở nhà, nếu không thì em đi thư viện đọc sách. Thư viện ở gần nhà em là thư viện quốc lập nên em có thể đọc nhiều sách miễn phí.

피곤할 때는 집에서 쉬기도 하고 그렇지 않을 때는 도서관에 가서 책을 봅니다. 집 근처에 있는 도서관은 국립도서관이기 때문에 무료로 많은 책을 볼 수 있습니다.

표현
Tips

· 많은 사람들이 ~는 좋지 않다고 말합니다 **Nhiều người nói là ~ không tốt**

· 저는 건강을 지키기 위해 ~를 열심히 합니다 **Em cố gắng ~ để giữ sức khỏe**

· 매우 피곤할 때 저는 보통 ~ 합니다 **Khi quá mệt mỏi em thường ~**

어휘　hoặc 혹은, 또는　nói là ~라고 말하다　tập thể dục 운동을 하다　câu lạc bộ thể hình 헬스클럽　hầu hết 거의, 모두　giữ 지키다, 유지하다　ăn kiêng 다이어트　có khi 때때로　thư viện 도서관　quốc lập 국립의　miễn phí 무료, 공짜

Bạn nghĩ như thế nào về sở thích?

당신은 취미활동에 대해 어떻게 생각하나요?

 02-07

샘의 Tips

Làm cho는 ~하게 해준다는 표현으로 다양한 문장에 적용될 수 있습니다.

㉠ Anh ấy làm cho tôi vui 그는 나를 즐겁게 해준다 / Cà phê làm cho tôi đỡ mệt 커피는 피로를 풀어준다

예를 들면 이라는 표현은, **Ví dụ như** 라고 하며 OPI 시험 시 많이 사용하면 좋습니다.

&A

자신의 상황과 가장 비슷한 답변을 중심으로 집중 연습해 보세요!

상황 1

Em nghĩ sở thích là một yếu tố rất cần thiết trong cuộc sống của con người. Vì sở thích làm cho cuộc sống vui và có thể là động lực thúc đẩy các hoạt động sinh hoạt hằng ngày.

취미활동은 사람들의 삶에 있어서 정말 필수불가결한 요소라고 생각합니다. 왜냐면, 취미활동은 삶을 즐겁게 하고 그들의 일상생활의 한 자극제가 되기 때문입니다.

상황 2

Theo như các thông tin trên báo, sở thích rất quan trọng trong cuộc sống của con người vì nó có thể giải tỏa căng thẳng trong đời sống hằng ngày. Hơn nữa **sở thích giúp thúc đẩy sự phát triển bản thân.**

신문기사들에 따르면, 취미활동은 일상생활에 있어서 매우 중요한데 취미활동은 사람들이 일상의 분주함에서 야기되는 스트레스를 해소하는데 도움이 되기 때문입니다. 더욱이, **취미는 자기 자신의 발전에도 도움을 줍니다.**

상황 3

Sở thích không những thổi sức sống vào cuộc sống của mình mà còn hình thành các mối quan hệ xã hội quan hệ đối nhân xử thế. Ví dụ như, nếu em vào câu lạc bộ nào cùng sở thích của mình thì em có thể mở rộng quan hệ đối nhân xử thế.

취미활동은 개인의 삶에 활력을 불어넣어 줄 뿐만이 아니라 대인관계를 형성하는데도 좋다고 생각합니다. 예를 들어, 같은 취미를 가진 동호회에 가입하면 대인관계를 넓힐 수 있습니다.

표현 Tips
• ~는 삶에 있어 필수불가결한 요소라고 생각합니다
  Em nghĩ ~ là một yếu tố rất cần thiết trong cuộc sống
• ~는 자기 자신의 발전에 도움을 줍니다 **~ giúp thúc đẩy sự phát triển bản thân**

어휘 yếu tố 요소 cần thiết 필수적인, 불가결한 cuộc sống 생활, 삶 động lực 동력, 동기 thúc đẩy 촉진하다 báo 신문 thổi 불다 hình thành 형성하다, 생성하다 đối nhân xử thế 대인관계(사람을 대하는 태도) mở rộng 넓히다

39

Q1 취미 　　　　저의 취미는 축구입니다.

Sở thích của em là _____ _____.

Q2 활동 　　　　저는 베트남어를 배우기 위해 매주 일요일마다 학원에 갑니다.

Mỗi _____ _____ em đi trung tâm ngoại ngữ để _____ _____ _____.

Q3 취미개발 　　　　저는 오래된 우표를 모으는 것이 비즈니스가 될 수 있다고 생각합니다.

Theo em nghĩ, _____ _____ _____ củ có thể được _____ _____ việc làm ăn.

Q4 귀가 후 활동 　　　　저는 보통 퇴근 후에 티비를 보거나 온라인 게임을 즐깁니다.

Em _____ xem tivi _____ chơi game online sau khi ____ ____.

Q5 취미에 대한 의견 　　　취미활동은 일상생활에 있어서 매우 중요합니다.

Sở thích rất _____ _____ trong _____ _____ của con người.

바로 써먹는 문장 2

취미와 활동에 관한 다양한 표현을 응용할 수 있는 표현 Tip들입니다.

1 주말에 하기에 즐거운 활동 중에 하나는 운동입니다.
Tập thể dục là một trong những hoạt động vui vào cuôi tuần.

2 제 친구는 특별한 취미를 가지고 있습니다.
Bạn của em có sở thích đặc biệt.

3 저는 이번 주말에 집에 있는 창고를 청소하려고 합니다.
Em sẽ sắp xếp đồ đạc trong nhà kho vào cuối tuần này.

4 설거지는 제가 주말에 해야만 하는 의무활동입니다.
Việc rửa chén là nghĩa vụ của em vào cuối tuần.

5 봉사활동을 통해 저의 경험을 쌓을 수 있습니다.
Em có thể tích lũy kinh nghiệm qua hoạt động từ thiện.

6 블로그 운영 취미는 돈을 벌 수 있는 기회를 갖고 있습니다.
Sở thích điều hành blog trên mạng có cơ hội kiếm được tiền.

7 이 취미는 돈이 될 수 있습니다.
Sở thích này có thể kiếm được tiền.

8 저는 IT 분야에 많은 사업기회가 있다고 생각합니다.
Em nghĩ ngành IT có nhiều cơ hội sự nghiệp.

9 저는 경제적인 안정과 행복한 삶을 추구하고 싶은 꿈을 간직하고 있기 때문에 항상 그 목표를 이루기 위해서 최선을 다해 노력합니다.
Em luôn ấp ủ giấc mơ có được cuộc sống hạnh phúc và tự do về tài chính, nên em luôn nỗ lực phấn đấu để đạt được điều đó.

10 저는 인터넷을 통해 제 물건을 판매합니다.
Em bán đồ đạc của mình qua mạng.

11 취미활동은 제 스스로의 가치를 높이는데 도움을 줍니다.
Sở thích giúp em tăng giá trị của băn thân mình.

문법 Tips 2

무엇을, 어떻게, 왜에 대해서 알아봅시다.

1. 무엇을(What) : Gì

보통 문장의 맨 마지막에 위치하며 다음과 같이 두 가지 형태로 사용됩니다.

① 주어 + là + gì   ② 주어 + 동사 + gì   ③ 명사 + gì

- Em tên là **gì**?
- Cái này là cái **gì**?
- Chị uống **gì**?
- Anh đọc **gì**?
- Em muốn ăn món **gì**?
- Chuyện **gì**?

이름이 뭐예요?
이건 무엇인가요?
뭐 마실래요?
뭐 읽어요?
무슨 음식 드실래요?
무슨 일 이에요?

2. 어떻게(How) : (như) thế nào?

어떻게 동작을 하는지 혹은 무엇이 어떻다고 느껴지는지를 물어볼 때 사용합니다. 크게 다음과 같이 두 가지 형태로 사용됩니다.

동사 + (như) thế nào?
thấy + 명사 + (như) thế nào?

- Cái này ăn **(như) thế nào**?
- Mở(bật) máy lạnh **(như) thế nào**?
- Anh **thấy** cái này **(như) thế nào**?
- Chị **thấy** món ăn Việt **(như) thế nào**?

이거 어떻게 먹어요?
에어컨 어떻게 켜요?
이거 어때요?
베트남 음식 어때요?

3. 왜(Why) : Sao, Tại sao, Vì sao

항상 문장의 맨 앞에 위치합니다. 해당 의문문에 대답할 때는 보통 Vì, Tại vì, bởi vì 를 사용하며 세 가지 모두 동일한 의미입니다.

Sao, Tại sao, Vì sao + ▩▩▩▩▩▩▩ ?

- **Sao** anh đến trễ?
  왜 늦었어요?

→ **Vì** kẹt xe quá trời.
  차가 너무 막혔어요.

- **Tại sao** chị không ăn?
  왜 안 먹어요?

→ **Bởi vì** chị đang ăn kiêng.
  다이어트 중이라서요.

- **Vì sao** em học tiếng Việt ?
  왜 베트남어 배워?

→ **Tại vì** em thích.
  좋아서요.

Nói về đời sống
hằng ngày của bạn
자신의 일상생활에 대해 말하기

학습 목표	일상생활 (주변시설, 직장/학교, 일과, 친구 관계 등) 은 주요 질문 중 하나입니다. 질문 빈도가 높은 토픽을 익혀둡시다.
Q & A	1. 집 주변시설
	2. 직장(학교) 생활
	3. 가장 바쁜날
	4. 친구들과 활동
	5. 핸드폰 사용
문법 *Tips*	시제표현

응시자의 일상생활이나 하루 일과에 대한 질문은 OPI 시험에서 빠지지 않는 토픽 중의 하나이며, 출제 비중도 상당히 높다고 할 수 있습니다. 살고 있는 지역의 주요 시설물이나 관광지, 하루 일과, 친구와 주로 하는 활동 등에 대해 자신만의 스토리를 만들어 준비해야 합니다.

아침에 일어나서 잠자기 전까지의 하루 동안의 일기를 머리 속에 써 본다는 생각으로 일주일 간의 일상생활에 대해 설명할 수 있어야 합니다. 꼬리를 무는 추가 질문이 없도록 단답형의 짧은 답변보다는 논리 있는 구체적인 설명이 필요합니다.

"왜?"라는 면접관의 추가 질문의 피하기 위해서는 "왜냐하면~"이라는 표현을 자주 사용하는 것이 좋습니다.

Tip

1. 하루 일과 또는 일주일 일과 일기를 머릿속에 써 보기!

2. "왜냐하면"이라는 표현을 자주 사용하기!

3. 거주지 주변의 쇼핑몰이나 공공장소에 대해 관심 갖기!

4. 추상적으로 '매일 바쁘다'라는 표현은 금물!
   최고의 답변은 원인-결과 형식!

Q & A
List

 03-01

0. Yes or No	**Q0**	말해 Yes or No!
1. 집 주변시설	**Q1**	Hãy mô tả xung quanh căn nhà của bạn.
		당신의 집 주변에 대해 설명해 주세요.
2. 직장(학교) 생활	**Q2**	Công việc hoặc sinh hoạt học đường của bạn như thế nào?
		직장 또는 학교생활은 어떤가요?
3. 가장 바쁜날	**Q3**	Ngày nào bận nhất trong tuần với lý do gì?
		일주일 중 가장 바쁜날과 그 이유는 무엇인가요?
4. 친구들과 활동	**Q4**	Bạn thường làm gì với bạn bè?
		친구들과 주로 무엇을 하나요?
5. 핸드폰 사용	**Q5**	Bạn có hay sử dụng điện thoại di động không?
		당신은 핸드폰을 자주 사용하나요?

Q1 Bạn có sự chan hòa với mọi người không?
당신은 사교적인 성격인가요?

YES
Dạ vâng. Em rất thích gặp mọi người, luôn sẵn sang tham gia vào những hoạt động xã hội.

네. 저는 사람 만나는 것을 매우 좋아하고 언제든지 사회활동에 참여할 수 있는 준비가 되어 있습니다.

NO
Không ạ. Em là một người hướng nội cho nên em không thích hòa hợp với người ta lắm.

아닙니다, 선생님. 저는 내성적입니다. 그래서, 저는 사람들과 사귀는 것을 그렇게 좋아하지 않습니다.

SOSO
Em thích giao tiếp với người ta nhưng không muốn tin bất cứ người nào. Em cẩn thận khi kết bạn với người lạ.

저는 사람을 사귀는 것을 좋아합니다만, 아무나 믿고 싶지는 않습니다. 저는 사람을 사귀는데 있어서 조심하는 편입니다.

어휘 chan hòa 사교적인 sẵn sàng 준비된 hoạt động xã hội 사회활동 người hướng nội 내성적인 사람 hòa hợp 어울리다, 화합하다 người ta 사람들 giao tiếp 교제하다, 어울리다 tin 믿다, 신뢰하다 bất cứ người nào 아무나 cẩn thận 조심성있는

Q2 Bạn có sống chung với bố mẹ không?
부모님과 함께 살고 있나요?

YES
Dạ vâng. Em là sinh viên đại học nên đang sống chung với bố mẹ.

네. 제가 아직 대학에 다니기 때문에 부모님과 함께 살고 있습니다.

NO
Dạ không ạ. Em đã lập gia đình rồi nên em đang sống cùng vợ và con. Nhưng em thường xuyên đi gặp bố mẹ.

아니요. 이미 가정이 있기 때문에, 저는 제 아내와 아이하고만 살고 있습니다. 그렇지만, 우리는 종종 부모님을 방문합니다.

SOSO
Vì trường đại học của em hơi xa nhà cho nên trong ngày thường em ở ký túc xá nhưng vào cuối tuần em ở nhà bố mẹ.

제가 다니는 대학교가 집에서 좀 멀어서, 주중에는 기숙사에서 살지만 주말에는 부모님 댁에 같이 있습니다.

어휘 vợ 부인, 와이프 ký túc xá 기숙사

Hãy mô tả xung quanh căn nhà của bạn.

당신의 집 주변에 대해 설명해 주세요.

샘의 Tips

Mất + 시간은 **시간이 ~걸리다** 라는 표현으로 뒤에 시간을 제시하여 소요되는 시간을 나타내 줍니다.
예 Mất 1 tiếng 1시간 걸리다, Mất 20 phút 20분 걸리다

Cách 은 **거리**를 말하는 표현입니다. 뒤에 거리 단위를 붙여서 사용합니다.
예 Cách đây 10km 여기서 10km 떨어져 있다, Cách từ Seoul 300km 서울로부터 300km 떨어져 있다

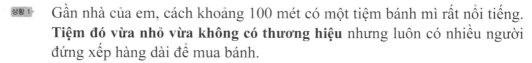
자신의 상황과 가장 비슷한 답변을 중심으로 집중 연습해 보세요!

상황 1 Gần nhà của em, cách khoảng 100 mét có một tiệm bánh mì rất nổi tiếng. **Tiệm đó vừa nhỏ vừa không có thương hiệu** nhưng luôn có nhiều người đứng xếp hàng dài để mua bánh.

저의 집 옆에는, 아마도 약 100 미터 거리에 아주 유명한 빵집이 하나 있습니다. **그 가게는 작고 브랜드가 없는데도** 빵을 사려는 사람들이 항상 그 가게 앞에 줄을 섭니다.

상황 2 Gần nhà em có bệnh viện đa khoa lớn tên là bệnh viện Sarang. Bệnh viện này có lịch sử thành lập được 50 năm rồi. Ngoài ra, bệnh viện được đánh giá cao về các bác sĩ và có trang thiết bị y tế hiện đại.

저의 집 근처에는 사랑병원이라는 이름의 큰 종합병원이 있습니다. 이 병원은 설립된 지 50년이나 된 역사가 있는 병원입니다. 게다가, 의료진들의 평판이 매우 좋고 의료시설도 최신식입니다.

상황 3 Trung tâm mua sắm lotte là một trong những trung tâm mua sắm lớn và nổi tiếng ở Hàn Quốc. **Từ nhà em đến đó mất khoảng 10 phút bằng xe buýt.** Em thỉnh thoảng đi trung tâm mua sắm tại lotte với gia đình vào cuối tuần.

롯데 백화점은 한국에서 가장 크고 유명한 쇼핑센터 중 하나입니다. **저의 집에서 그 몰까지 버스로 약 10분 남짓 걸립니다.** 주말에, 저는 종종 가족들과 그 몰에서 쇼핑을 합니다.

표현
Tips

• ~하면서 ~하다 **vừa ~ vừa ~** *많이 사용되는 관용구입니다.
   예 **Cô ấy vừa đẹp vừa cao** 그녀는 예쁘고 키도 크다
• 저희 집에서 거기까지 ~로 ~정도 걸립니다 **Từ nhà em đến đó mất khoảng ~ bằng ~**

어휘   thương hiệu 상표, 브랜드   đứng xếp hàng 줄을 서다   bệnh viện đa khoa 종합병원   có lịch sử
역사가 있는   thành lập 설립하다   đánh giá 평가하다   trang thiết bị y tế 의료시설   trung tâm mua
sắm 쇼핑센터   từ A đến B A에서 B까지   mất 잃다, (시간이) 걸리다

Công việc hoặc sinh hoạt học đường của bạn như thế nào?

직장 또는 학교생활은 어떤가요?

 03-04

샘의 Tips

(có tính) hướng ngoại 외향적인 / hướng nội 내향적인 성격을 표현할 수 있습니다.

Như + (인칭대명사) + đã biết 은 ~도 알다시피 라는 뜻을 가집니다.

예 Như cô đã biết 선생님도 아시다시피, Như bạn ấy đã biết 그 친구도 알다시피

&A 자신의 상황과 가장 비슷한 답변을 중심으로 집중 연습해 보세요!

상황 1 Em đang làm việc tại một công ty sản xuất thực phẩm. **Chức vụ của em là trưởng bộ phận xuất nhập khẩu**.

저는 식품제조 회사에서 일하고 있습니다. **제 직무는 수출입부서 부장입니다.**

상황 2 Em là sinh viên đại học Han Yang. Năm sau, em sẽ tốt nghiệp đại học nên em đang chuẩn bị xin việc. Dạo này, hầu hết doanh nghiệp lớn yêu cầu năng lực ngoại ngữ, vì thế em đang học tiếng Việt chăm chỉ.

저는 한양대학교에 재학 중인 학생입니다. 내년에 졸업 예정이기 때문에 현재 취업준비를 하고 있습니다. 요즘 대부분의 대기업들이 외국어 능력을 요구하기 때문에 저는 베트남어를 열심히 배우고 있습니다.

상황 3 Em là nhân viên bán hàng chuyên nghiệp ở công ty dược phẩm. Như nhiều người đã biết, nhân viên bán hàng cần phải tiếp xúc nhiều người và có nhiều cuộc nhậu nên nhiều khi mệt mỏi. Nhưng tính cách của em là hướng ngoại nên **em nghĩ nhân viên bán hàng phù hợp với tính cách của mình**.

저는 한 제약회사에서 영업사원으로 근무하고 있습니다. 많은 사람이 이미 알고 있듯이, 영업사원은 많은 사람을 만나야 하고 술자리도 잦기 때문에 피곤할 때가 많습니다. 그러나 저는 외향적인 성격이기 때문에 **영업사원이 잘 맞는 것 같습니다.**

표현 • (회사)제 직무는 ~ 입니다 **Chức vụ của em là ~**

Tips • 저는 ~이 제 성격에 잘 맞는 것 같다고 생각합니다 **Em nghĩ ~ phù hợp với tính cách mình**

어휘 sản xuất 생산하다, 제조하다 chức vụ 직무 bộ phận 부서 xuất nhập khẩu 수출입 nhân viên bán hàng chuyên nghiệp 영업사원 dược phẩm 의약, 제약 tiếp xúc 접촉하다, (사람들을) 만나다 cuộc nhậu 술자리 tính cách 성격, 성질 hướng ngoại 외향적인 phù hợp 부합하다, 적합하다

Q3 Ngày nào bận nhất trong tuần với lý do gì?

일주일 중 가장 바쁜 날과 그 이유는 무엇인가요?

 03-05

샘의 Tips

월~토는 Thứ + **숫자(2~7)**로 표현하며, 일요일은 chủ nhật 입니다.
주의해야 할 점은 수요일의 경우, 쓰기는 Thứ 4 로 쓰지만, 읽을 때는 Thứ bốn 이 아닌
Thứ Tư(四) 로 읽습니다.

&A 자신의 상황과 가장 비슷한 답변을 중심으로 집중 연습해 보세요!

상황 1
Em nghĩ ngày bận nhất là thứ 6. Tại vì vào thứ 6 em thường làm thêm để viết báo cáo hàng tuần và sau khi làm việc xong em đi chơi với bạn gái.

제 생각에, 금요일이 저에게는 가장 바쁜 요일입니다. 보통 금요일마다 회사 주간보고서를 작성하기 위해 야근을 하고 그 후에 여자친구랑 데이트를 하기 때문입니다.

상황 2
Theo em, ngày thứ 4 là ngày bận nhất. Vì ngày thứ tư em có buổi học cả ngày từ 8 giờ sáng đến 6 giờ chiều. **Sau khi học xong em cảm thấy rất mệt mỏi.**

저에게 있어서 가장 바쁜 요일은 수요일입니다. 수요일에 아침 8시부터 오후 6시까지 하루종일 수업이 있기 때문입니다. **강의가 끝나고 나면, 저는 무척 피곤합니다.**

상황 3
Em thường xuyên làm việc tới đêm vào ngày thứ 2 vì em cần phải đóng sổ kế toán công ty. **Vì thế ngày thứ 2 là ngày bận nhất với em.**

저는 보통 매주 월요일에 한밤중까지 일을 하는데 그 이유는 회사 회계처리를 마감해야 하기 때문입니다. **따라서, 저에게 있어서 일주일 중 가장 바쁜 요일은 월요일입니다.**

상황 4
Mỗi ngày thứ 3 và thứ 5 **em đi làm thêm ở quán cà phê đến 12 giờ đêm.** Vì vậy, ngày thứ 3 và thứ 5 là ngày bận nhất.

매주 화요일과 목요일에, **저는 카페에서 저녁 12시까지 아르바이트를 합니다.** 그래서, 화요일과 목요일이 가장 바쁜 요일입니다.

표현 Tips

- ~하고 나면 저는 매우 피곤함을 느낍니다 **Sau khi ~ em cảm thấy rất mệt mỏi**
- 저에게는 ~ 요일이 가장 바쁩니다 **Ngày ~ là ngày bận nhất với em**
- 저는 카페에서 ~시까지 아르바이트를 합니다 **Em đi làm thêm ở quán cà phê đến ~**

어휘 báo cáo hàng tuần 주간보고서 buổi học 수업 cần phải 반드시 ~해야한다 đóng sổ 장부를 마감하다 kế toán 회계 quán cà phê 커피숍 đi làm thêm 아르바이트를 하다

Bạn thường làm gì với bạn bè?

친구들과 주로 무엇을 하나요?

 03-06

샘의 *Tips*

Chúng tôi(em) 와 Chúng ta의 차이!
Chúng tôi(em)는 듣는 사람(청자)를 포함하지 않는 우리를 뜻하며, Chúng ta는 청자를 포함한 우리를 표현합니다.

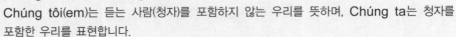

자신의 상황과 가장 비슷한 답변을 중심으로 집중 연습해 보세요!

상황 1
Thông thường **em đi nhậu và nói chuyện với bạn ở trung tâm thành phố**. Khi chúng em kể về nỗi khổ hoặc việc vui thì tinh thần được giải tỏa căng thẳng trong ngày thường.

일반적으로, **친구들과 시내에 나가서 술을 마시며 이야기를 나눕니다.** 서로의 고민거리나 즐거운 일에 대해 대화하면 주중에 받은 스트레스가 풀립니다.

상황 2
Chúng em có cùng sở thích đi xe đạp nên mỗi thứ 7 chúng em tập trung đi đến sông Han. **Tuần trước chúng em đã đi đảo Nami(một trong những đảo đẹp nhất của Hàn Quốc)bằng xe đạp.** Từ Seoul đến đảo Nami mất khoảng 3 tiếng đồng hồ.

저희는 자전거타기라는 같은 취미를 가지고 있어서 매주 토요일에 한강에서 모입니다. **지난 주에는 자전거로 남이섬(한국에서 가장 아름다운 섬 중 하나)에 다녀왔습니다.** 서울에서 남이섬까지 약 3시간 정도가 소요되었습니다.

상황 3
Thông thường em chơi thể thao với bạn bè. Chúng em chơi nhiều môn thể thao như bowling, bi-a, bóng đá v.v..năng lực của chúng em gần tương đương nhau nên luôn thú vị. Tất nhiên, khi em thắng thì vui hơn.

보통, 저는 제 친구들과 운동을 즐겨합니다. 볼링, 당구, 축구 등 다양한 종목들을 같이 하는데 서로 실력이 비슷비슷하여 항상 재밌습니다. 물론 이길 때가 더 즐겁습니다.

표현 • ~에서 친구들과 술을 마시며 이야기를 합니다 **Em đi nhậu và nói chuyện với bạn ở ~**

Tips • 저번 주에 저는 자전거를 타고 ~를 다녀왔습니다 **Tuần trước chúng em đã đi ~ bằng xe đạp**

어휘 **trung tâm thành phố** 시내, 번화가 **nỗi khổ** 힘든 일, 고난, 고민 **ngày thường** 평일 **tạp trung** 모이다 **~로 모이다** **một trong những** ~중에 하나 **thể thao** 스포츠, 체육, 운동 **năng lực** 능력, 실력 **gần tương đương nhau** 비슷비슷한 **thú vị** 즐거운, 재밌는 **tất nhiên** 물론 **thắng** 이기다, 승리하다

핸드폰 사용

Q5 Bạn có hay sử dụng điện thoại di động không?

당신은 핸드폰을 자주 사용하나요?

🎧 03-07

샘의 Tips

Hay + 동사/형용사는 **자주 ~한다**라고 표현됩니다.
예 Hay sử dụng 자주 사용하다, Hay nói 자주 말하다

Phụ trách 은 **~을 담당하다**는 표현이며 업무와 관련하여 많이 사용됩니다.

&A 자신의 상황과 가장 비슷한 답변을 중심으로 집중 연습해 보세요!

상황 1 Dạ, em hay sử dụng điện thoại di động vì **em đang phụ trách marketing trong công ty**. Em bắt buộc sử dụng điện thoại di động nhiều để tìm hiểu xu hướng tiếp thị quảng cáo trên điện thoại di động.

네, 저는 **회사 마케팅 담당**이기 때문에 핸드폰을 매우 자주 사용합니다. 저는 모바일 광고 마케팅 트렌드를 이해하기 위해 핸드폰을 많이 사용할 수 밖에 없습니다.

상황 2 Em nghĩ, em sử dụng điện thoại di động khoảng hơn 6 tiếng trong ngày. Em làm nhiều thứ bằng điện thoại di động, ví dụ như tìm tin tức trên mạng, mua sắm, chơi SNS, chat với bạn v.v..**Em nghĩ điện thoại di động là đồ vật cần thiết đối với giới trẻ**.

제 생각에, 하루에 저는 아마도 약 6시간 이상 핸드폰을 사용합니다. 저는 인터넷 검색, 쇼핑, SNS, 채팅 등 핸드폰으로 많은 것들을 하고 있습니다. **요즘 젊은 세대에게 핸드폰은 필수불가결한 물건이라고 생각합니다.**

상황 3 Em sử dụng điện thoại di động trong sinh hoạt hàng ngày nhưng em luôn cố gắng sử dụng ít thôi. Nhiều người nói rằng, **sử dụng điện thoại di động nhiều không tốt cho sức khỏe**.

물론 저는 일상생활의 편의를 위해 핸드폰을 사용합니다만 조금만 사용하려고 항상 노력합니다. 사람들이 말하기를, **핸드폰을 자주 사용하면 건강에 좋지 않다고 합니다.**

표현 Tips

• 저는 회사에서 ~을 담당하고 있습니다 **Em đang phụ trách ~ trong công ty**

• ~은 젊은 세대들에게 필수품이라고 생각합니다
Em nghĩ ~ là đồ vật cần thiết đối với giới trẻ

• ~하는 것은 건강에 좋지 않다 **~ không tốt cho sức khỏe**

어휘 phụ trách 담당자, 책임을 지다 điện thoại di động 핸드폰 bắt buộc ~할 수 밖에 없는, 강요하다 tìm hiểu ~을 알아보다, 배우다 nhiều thứ 여러 가지 đồ vật 물건 giới trẻ 젊은 세대 ít 조금, 적은 sức khỏe 건강

EXERCISE

해답은 바로 앞페이지 Q1~Q5에 있습니다.

Q1 집 주변시설   저의 집 근처에는 사랑병원이라는 이름의 큰 종합병원이 있습니다.

___ nhà em có ___ ___ đa khoa lớn tên là ___ ___ Sarang.

Q2 직장(학교) 생활   저는 한 제약회사에서 영업사원으로 근무하고 있습니다.

Em là ___ ___ ___ ___ chuyên nghiệp ở công ty ___ ___.

Q3 가장 바쁜날   저에게 있어서 가장 바쁜 요일은 수요일입니다.

Theo em, ngày ___ _ là ngày___ nhất.

Q4 친구들과 활동   보통, 저는 제 친구들과 운동을 즐겨합니다.

___ ___, em chơi ___ ___ với bạn bè.

Q5 핸드폰 사용   하루에 저는 아마도 약 6시간 이상 핸드폰을 사용합니다.

Em __ ___ điện thoại di động khoảng hơn __ ___ trong ngày.

일상생활에 관한 다양한 표현을 응용할 수 있는 표현 Tip들입니다.

1 일주일에 한번 볼링동아리 활동에 참석합니다.
Em thăm gia cậu lạc bộ bowling một ngày trong một tuần.

2 제가 느끼기엔, 월요일에는 항상 교통체증이 매우 심합니다.
Em thấy mỗi ngày thứ 2 luôn luôn kẹt xe nhiều.

3 집 근처에 대형 슈퍼마켓과 쇼핑센터가 있기 때문에 저희 집 위치는 매우 좋다고 생각합니다.
Vị trí của nhà em rất tốt vì gần nhà em có siêu thị lớn và trung tâm mua sắm.

4 저의 집은 역에서 가까워 지하철을 이용하기 편합니다.
Nhà em ở gần ga xe điện ngầm nên tiện dùng xe điện ngầm.

5 저는 아침 8시까지 출근해서 밤 7시경에 퇴근합니다.
Thông thường em đi làm 8 giờ sáng và 7 giờ tối về nhà.

6 저의 회사의 주요 사업은 식품과 화학입니다.
Sự nghiệp chủ yếu của công ty em đang làm là ngành thực phẩm và hóa học.

7 회사에서 저의 담당업무는 해외 투자 전략기획입니다.
Em đang làm việc ở bộ phận kế hoạch chiến lược đầu tư quốc tế.

8 한국에서는 갈수록 취업난이 심해지고 있습니다.
Ở bên Hàn Quốc xin việc càng ngày càng khó.

9 아이들과 함께하는 시간은 항상 즐겁습니다.
Em luôn vui vẻ khi chơi với con cái.

10 저는 어렸을 적부터 친한 친구가 10명 있습니다.
Em có 10 người bạn thân quen biết nhau từ nhỏ.

11 친구들은 제 인생에 있어서 중요한 요소 중 하나입니다.
Bạn bè là một yếu tố quan trọng nhất trong cuộc sống của em.

12 나이가 들수록 부모님과 함께 하는 시간이 적어지는 게 아쉽습니다.
Em rất tiếc càng có tuổi thì càng ít thời gian với bố mẹ.

문법 Tips 3  시제표현

베트남어의 시제표현은 매우 간단합니다! 과거 시제인 Đã, 현재 시제인 Đang, 미래 시제인 Sẽ, 3가지를 확실히 외워두도록 합시다. 회화체의 경우 시제표현이 생략되는 경우가 많으며, 특히 문장 안에 시간을 표현하는 단어가 포함되어 있을 경우, 생략해도 전혀 문제가 없습니다. 시제 표현인 다당쎄 는 주어와 동사 사이에 위치합니다.

1. Đã : 과거시제

- Em (**đã**) học tiếng Việt 2 năm rồi.

  저는 베트남어를 배운 지 2년 되었습니다.

  * 2 năm rồi 라는 시간개념이 있으므로 đã 생략가능

- Hôm qua tôi đi chơi với bạn.

  저는 어제 친구랑 놀았습니다.

  * Hôm qua 라는 과거표현 단어가 있으므로 đã 생략됨

2. Đang : 현재시제

지금 당장 ~를 하고 있는 상태(끝나지 않은)를 말할 때 사용합니다.

- Cô Ngân **đang** dạy tiếng Việt.

  응언 선생님은 베트남어를 가르치고 있습니다.

- Tôi **đang** xem ti vi.

  저는 지금 티비를 보고 있습니다.

3. Sẽ : 미래시제

~할 것이다 라는 미래시제입니다.

- 2 Tháng sau. em (**sẽ**) về nước.

  저는 두 달 후에 귀국할 예정입니다.

  * 2 Tháng sau 라는 시간개념이 있으므로 sẽ 생략가능

- Em **sẽ** đi làm.

  출근할 거예요.

Hãy nói về việc học hành tiếng Việt của bạn.

베트남어 학습에 대해 말하기

학습 목표	OPI 응시자에게 반드시 물어보는 베트남어를 배우는 이유와 학습방법을 중심으로 학습하겠습니다. 학습 동기, 방법, 외국어를 효율적으로 학습하는 요령 등 기출 주제와 심화 내용을 알아봅시다.
Q & A	1. 베트남어를 배우는 이유
	2. 어떻게 베트남어를 배웠나
	3. 베트남어를 빠르게 배우는 방법
	4. 어려움 극복
	5. 학습 권유
문법 Tips	질의응답

베트남어를 왜 배우는지, 어떻게 배웠는지, 배우는 과정에서 어려운 점은 없었는지 등에 대한 질문은 OPI 시험에서 빠지지 않는 토픽 중의 하나이며, 출제 비중도 매우 높습니다. OPI 시험을 보는 목적이나 이유에 대해서도 종종 질문하기 때문에 꼭 함께 준비해야만 합니다.

또한, 어떻게 하면 외국어를 효율적이고 빨리 배울 수 있는가에 대한 질문도 종종 출제되기 때문에 신경써야 합니다. 단순한 답변보다는 그렇게 생각하는 이유까지 논리적으로 설명해야 합니다. 답변은 "~ 방법이 가장 좋다고 생각합니다". "그 이유는 ~때문입니다" 형식의 논리구조가 가장 좋습니다.

Tip

1. **베트남어 학습 목적 정리하기!**

2. **베트남어를 배울 때 자신만의 노하우 소개!**

3. **베트남어를 배우기 위한 일상적인 노력 어필!**

4. **'~이라고 생각한다'라고 결과를 먼저 전달한 후 이유를 설명!**

Q & A
List

🎧 04-01

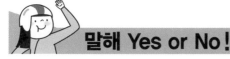

Q1 Theo bạn, học tiếng Việt có khó không?
베트남어를 배우는 것이 어렵나요?

YES Dạ em thấy học tiếng Việt rất khó đối với người Hàn Quốc. Tại vì tiếng Việt có thanh điệu mà tiếng Hàn không có cho nên phát âm tiếng Việt rất khó.

네. 제 생각에는 한국 사람이 베트남어를 배우는 것은 매우 어렵습니다. 왜냐하면 베트남어에는 성조가 있는데 한국어에는 없기 때문입니다. 그래서 베트남어 발음은 매우 어렵습니다.

NO Em thấy không khó lắm. Vì trong tiếng Việt có nhiều từ gốc từ tiếng Hán. Điều này giống như tiếng Hàn.

제가 느끼기엔 그렇게 어렵지는 않다고 생각합니다. 왜냐하면 한자가 기원인 베트남어 단어가 많기 때문입니다. 이것은 한국어와도 유사합니다.

SOSO Theo em nghĩ cũng bình thường thôi. Em thấy tất cả ngoại ngữ đều khó học.

저는 그럭저럭 배울만 하다고 생각합니다. 모든 외국어가 배우기 어렵다고 생각합니다.

어휘 **đối với** ~에게는, ~에 대한 **thanh điệu** 성조, 리듬 **phát âm** 발음 **gốc** 기원, 원천, 뿌리 **tiếng Hán** 한문, 중국어 **điều** 사건, 사실, 말 **đều** 모두, 전부

Q2 Bạn có hay sử dụng tiếng Việt trong đời sống hằng ngày không?
일상생활에서 베트남어를 자주 사용하나요?

YES Dạ có. Em phụ trách việc xuất nhập khẩu với doanh nghiệp Việt Nam nên em hay sử dụng tiếng Việt trong công ty.
네. 저는 베트남 업체와 수출입 업무를 담당하고 있기 때문에 회사에서 베트남어를 자주 사용합니다.

NO Dạ không. Tiếng Việt của em không tốt cho nên em không thường xuyên sử dụng tiếng Việt lắm.
아니요. 아직 유창하게 베트남어를 할 수 없기 때문에 저는 거의 베트남어를 사용하지 않고 있습니다.

SOSO Tùy theo trường hợp cô ạ. Khi nào có họp với khách hàng Việt Nam thì có sử dụng tiếng Việt.
상황에 따라 다릅니다, 선생님. 베트남 고객과 미팅이 있을 때 베트남어를 사용합니다.

어휘 **tùy theo** ~에 따라 **trường hợp** 경우, 상황 **họp** 회의, 미팅 **thông thường** 보통 **khách hàng** 고객, 파트너

Tại sao bạn học tiếng Việt?

왜 베트남어를 배우나요?

 04-03

샘의 Tips

Cho nên 은 문장과 문장을 연결해주는 접미사로써 많이 사용되며, **그러므로/그래서/그 때 문에**라는 의미를 가지고 있습니다. **구직(취업준비)을 하다**라는 표현은 Xin Việc 혹은 Tìm việc 을 사용합니다.

자신의 상황과 가장 비슷한 답변을 중심으로 집중 연습해 보세요!

상황 1

Học kỳ này là học kỳ cuối cho nên em đang chuân bị xin việc ở doanh nghiệp lớn như Samsung, Hyundai. Nếu em biết tiếng Việt thì em nhận được thêm điểm cộng. Vì thế em đang học tiếng Việt.

금번 학기가 마지막 학기이기 때문에 저는 현재 삼성과 현대 같은 대기업 입사 준비를 하고 있습니다. 베트남어를 구사할 수 있으면 가산점을 받을 수 있기 때문에 베트남어를 배우고 있는 중입니다.

상황 2

Em muốn trở thành hướng dẫn viên du lịch. Để đạt được ước mơ này em đang học tiếng Việt rất chăm chỉ và chuẩn bị thi giấy phép hướng dẫn-thông dịch viên công nhận nhà nước.

저의 목표는 공인 관광안내사가 되는 것입니다. 제 꿈을 이루기 위해 저는 매우 열심히 베트남어 공부를 하고 있고, 국가 공인 관광통역안내사 자격증도 준비하고 있습니다.

상황 3

Em đang hợp tác thương mại với một số doanh nghiệp Việt Nam trong lĩnh vực thực phẩm chế biến. Để giữ quan hệ gần gũi với những công ty Việt Nam em đang học tiếng Việt.

저는 가공식품 무역분야에서 몇몇 베트남 기업과 사업을 하고 있습니다. 베트남 파트너들과 친밀한 관계를 유지하기 위해서 베트남어를 배우고 있습니다.

**표현
Tips**

· 저는 ~이 되고 싶습니다 **Em muốn trở thành ~**

· 제 꿈을 이루기 위해 저는 ~를 하고 있습니다 **Để đạt được ước mơ này em đang ~**

어휘   học kỳ 학기, điểm cộng thêm 가산점, hướng dẫn viên 가이드, 안내사, đạt 이루다, 달성하다, ước mơ 희망, 꿈, nhà nước 나라, 국가, một số 몇몇의, 약간의, thực phẩm chế biến 가공식품, giữ 유지하다, 지키다

Bạn học tiếng Việt như thế nào?

어떻게 베트남어를 배우셨나요?

 04-04

샘의 *Tips*

Chuyên môn 은 보통 대학 전공이 무엇인지를 표현할 때 사용하는 단어이지만 회사 등에서 자기의 전문 분야를 말할 때도 사용됩니다. **Hồi đó** 는 그 때, 이전에 등을 표현하는 단어이며, 비슷한 단어로써 **Hồi trước** 과 **Lúc đó** 가 있습니다. 보통 과거 시제인 **đã** 와 같이 사용됩니다.

자신의 상황과 가장 비슷한 답변을 중심으로 집중 연습해 보세요!

상황 1

Em đã tốt nghiệp đại học ngoại ngữ Hàn Quốc, chuyên môn của em là ngành tiếng Việt. Hồi đó em đã đi Việt Nam học tiếng Việt qua chương trình trao đổi sinh viên.

저는 한국외대를 졸업했고, 전공이 베트남어였습니다. 그때 저는 교환학생으로 베트남에 가서 베트남어를 배웠습니다.

상황 2

Em đang học tiếng Việt ở trung tâm ngoại ngữ YMB tại Gangnam. Ngoài ra, em tự học tiếng Việt bằng phương tiện đại chúng như báo điện tử và tivi.

저는 강남에 있는 어학원에서 베트남어를 배우고 있습니다. 그 외에, 저는 온라인신문과 티비 같은 대중매체를 이용해 혼자서 공부했습니다.

상황 3

Em đã làm việc một công ty Hàn Quốc tại Việt Nam khoảng 5 năm. Trước khi em làm việc ở công ty đó em không biết tiếng Việt nhưng khi em làm việc ở Việt Nam em có thể học được tiếng Việt.

저는 약 5년간 베트남에 있는 한 한국회사에서 근무한 경험이 있습니다. 그 회사에서 근무하기 전에, 저는 베트남어를 할 수 없었지만 베트남에서 직장생활을 하며 베트남어를 배울 수 있었습니다.

표현 · 저는 ~학원에서 베트남어를 배웁니다 **Em học tiếng Việt ở trung tâm ngoại ngữ ~**

Tips · 저는 약 ~동안 베트남에 있는 한 한국회사에서 근무했습니다
Em đã làm việc một công ty Hàn Quốc tại Việt Nam khoảng ~

어휘 **chuyên môn** 전공, 학과 **ngành** 전문분야 **trao đổi sinh viên** 교환학생 **phương tiện đại chúng** 대중매체 **báo điện tử** 온라인신문 **hồi đó** 그 때, 예전에

Q3 빠르게 배우는 Theo bạn nghĩ phương pháp nào học tiếng Việt nhanh?

당신 생각에 베트남어를 빨리 배울 수 있는 방법은 무엇인가요? 04-05

 샘의 *Tips*

면접관과 대화 시, 단순한 대답보다는 **Trường hợp của em** 제 경우에는, **Theo em** 제 경우, **Em thấy/nghĩ** 제 생각에는 등의 표현을 사용해 주면 좋습니다.

 &A

자신의 상황과 가장 비슷한 답변을 중심으로 집중 연습해 보세요!

상황 1

Em nghĩ mỗi ngày đọc báo điện tử của Việt Nam như Tuổi Trẻ, Thanh niên là một cách nhanh nhất học tiếng Việt. Tính tiếp cận của báo điện tử rất tốt, em có thể đọc báo bất cứ lúc nào, bất cứ ở đâu bằng điện thoại di động.

제 생각에, Tuoi Tre나 Thanh nien 같은 온라인 신문을 읽는 것이 가장 빨리 베트남어를 배우는 방법 중 하나라고 생각합니다. 온라인 신문은 굉장히 접근성이 좋기 때문에 저는 언제, 어디에서든지 스마트폰을 통해 신문을 읽을 수 있습니다.

상황 2

Theo em nghĩ tạo nên thói quen ghi lại là cách tốt nhất để học tiếng Việt nhanh. Có từ mới hoặc từ nào khó nhớ thì ghi lại từ ấy trên giấy ghi và dán giấy khắp nơi trong nhà như gương, cửa sổ. Làm như vậy thì có thể dễ thuộc và học tiếng Việt nhanh.

메모하는 습관을 기르는 것이 가장 빠른 방법이라고 생각합니다. 새로운 단어나 외우기 힘든 단어가 있으면 메모장에 써서 거울이나 창문같이 집안 곳곳에 메모지를 붙여 놓습니다. 이렇게 하면 쉽게 암기할 수 있고 베트남어도 빨리 배울 수 있습니다.

상황 3

Em nghĩ kết bạn với người Việt thì có thể học tiếng Việt nhanh. Dạo này hầu hết giới trẻ sử dụng SNS như zalo, kakaotalk nên tìm bạn bằng smartphone không khó lắm. Trong trường hợp của em, em đã nói chuyện bằng SNS với bạn người Việt và gặp mặt đi chơi luôn.

저는 베트남 친구를 사귀면 베트남어를 빨리 배울 수 있다고 생각합니다. 요즘 대다수의 젊은 세대들은 Zalo나 Kakaotalk 같은 SNS를 사용하기 때문에 스마트폰으로 친구를 찾는 것은 그렇게 어렵지 않습니다. 저의 경우, SNS로 베트남 친구들과 이야기 할 뿐만 아니라 만나서 놀러가기도 했습니다.

표현 *Tips*
• ~하는 습관을 기르는 것이 베트남어를 익히는 가장 빠른 방법이라고 생각합니다
Theo em nghĩ tạo nên thói quen ~ là cách tốt nhất để học tiếng Việt

어휘 tính tiếp cận 접근성 bất cứ lúc nào(anytime) 언제든 bất cứ ở đâu(anywhere) 어디서든 tạo nên 조성하다, 만들다 thói quen 습관 ghi lại 메모 dán 붙이다 khắp nơi 곳곳, 어디든지 gương 거울 cửa sổ 창문 trong trường hợp ~경우에는

Q4 Làm thế nào bạn vượt qua sự khó khăn khi học tiếng Việt?

베트남어를 배울 때 어떻게 어려움을 극복했나요?

 04-06

샘의 Tips

자기 자신을 뜻할 때 **Mình** 을 사용합니다. **Bản thân mình** 으로도 표현 가능합니다. 어려움을 해결(극복)하다라는 표현으로 **Vượt qua sự khó khăn** 을 사용합니다.

 &A

자신의 상황과 가장 비슷한 답변을 중심으로 집중 연습해 보세요!

상황 1

Khi học ngoại ngữ, **việc quan trọng nhất là giữ lời hứa với mình**. Theo em, lập kế hoạch thường lệ học tiếng Việt để vượt qua sự khó khăn.

외국어를 배울 때, **자기 자신과의 약속을 지키는 것이 가장 중요하다고 생각합니다.** 저는 어려움을 극복하기 위해 규칙적인 베트남어 학습 계획을 세웠습니다.

상황 2

Khi em gặp khó khăn, em xem tivi chương trình hài Việt Nam qua online hoặc nghe nhạc Việt.

어려움을 느낄 때, 저는 온라인 사이트를 통해 베트남어 코미디 방송을 시청하거나 베트남 음악을 듣습니다.

상황 3

Em đã đi du lịch Việt Nam để vượt qua sự khó khăn. Dù em không giỏi nói tiếng Việt, nói chuyện với người Việt bằng tiếng Việt và ăn món ăn Việt tại Việt Nam rồi em lại có hứng thú học tiếng Việt.

어려움을 극복하기 위해 베트남으로 여행을 갔습니다. 베트남어를 잘 하진 못하지만, 베트남에 직접 가서 베트남어를 사용하고 직접 베트남 음식도 먹어보니 베트남어에 대한 흥미가 더욱 생겼습니다.

상황 4

Thông thường em xem phim video ngắn dạy tiếng Việt trên youtube. Học tiếng Việt qua video thú vị hơn học tiếng Việt bằng sách.

보통, 저는 유튜브를 통해 베트남어 교육 비디오클립을 시청했습니다. 동영상 시청은 책으로 베트남어를 공부하는 것보다 재밌습니다.

표현 · 가장 중요한 것은 ~입니다 **Việc quan trọng nhất là ~**
Tips · 저는 어려움을 극복하기 위해 ~를 했습니다 **Em ~ để vượt qua sự khó khăn**

어휘 giữ lời hứa 약속을 지키다 thường lệ 규칙적인, 반복적인 vượt qua 극복하다 khó khăn 어려운 chương trình hài 코미디 프로그램 nhạc 음악 dù ~라 할지라도, 어쨌든 hứng thú 흥미를 가지다

Q5 Bạn có khuyên bạn bè học tiếng Việt không? 당신 친구에게 베트남어 학습을 권유할 건가요?

학습 권유

 04-07

쌤의 Tips

결론을 말하기 전, **Vì vậy / Vì thế / chính vì vậy (그러므로, 그렇기 때문에)** 등의 접속사를 사용해 주면 문장이 부드러워 집니다.

만약 어려운 질문을 받는다면 **Em nói thiệt, câu hỏi này hơi khó trả lời** 로 답변을 간단하게 마무리 하는 것도 좋은 방법입니다.

&A 자신의 상황과 가장 비슷한 답변을 중심으로 집중 연습해 보세요!

상황 1

Dạ có, **Em khuyến khích cho các bạn học tiếng Việt**. Việt Nam là một nước đang phát triển và hiện nay nhiều doanh nghiệp Hàn Quốc có nhiều quan tâm đến Việt Nam vì thế em nghĩ học tiếng Việt có thể tạo ra cơ hội mới.

예. **저는 친구들에게 베트남어를 배울 것을 추천할 것입니다.** 베트남은 발전하고 있는 나라 중 하나이며, 요즘 많은 한국 기업들이 베트남에 대한 관심이 대단히 많습니다. 그러므로 베트남어를 배우는 것은 새로운 기회를 만들 수 있다고 생각합니다.

상황 2

Dạ vâng. Hiện tại xu hướng thế giới là toàn cầu hóa và trong đó cộng đồng ASEAN được sự chú ý của các quốc gia trên thế giới. Em nghĩ Việt Nam đứng ở trung tâm cộng đồng ASEAN. Vì vậy, em khuyến khích bạn của em học tiếng Việt.

예. 요즘 세계 트렌드는 글로벌화이며 그 중 아세안공동체가 세계 각국의 관심을 받고 있습니다. 저는 베트남이 아세안공동체의 중심에 서있다고 생각합니다. 그렇기 때문에, 친구에게 베트남어를 배울 것을 권유할 것 입니다.

상황 3

Em nói thiệt câu hỏi này hơi khó trả lời. **Em chưa bao giờ nghĩ đến việc này** nhưng có lẽ em sẽ khuyến khích cho các bạn em học tiếng Việt.

사실대로 말씀드리면 조금 어려운 질문인 것 같습니다. **아직 이 일에 대해서 생각은 해본 적이 없지만,** 아마도 저는 베트남어 학습을 권유할 것 같습니다.

표현 Tips
- 저는 친구들에게 ~할 것을 추천할 것입니다 **Em khuyến khích cho các bạn ~**
- 저는 아직 ~에 대해 생각해본 적이 없습니다 **Em chưa bao giờ nghĩ đến ~**

어휘 **khuyến** 권하다, 충고하다 **phát triển** 발전하다 **quan tâm** 관심을 갖다 **tạo ra** 만들다, 창출하다 **xu hướng** 트렌드 **toàn cầu hóa** 세계화, 글로벌화 **cộng đồng ASEAN** 아세안공동체 **sự chú ý** 관심 **quốc gia** 국가

EXERCISE

해답은 바로 앞페이지 Q1~Q5에 있습니다.

Q1 베트남어를 배우는 이유   저는 현재 대기업 입사 준비를 하고 있습니다.

Em đang chuân bị _____ _____ doanh nghiệp lớn.

Q2 어떻게 베트남어를 배웠나   저는 강남에 있는 YBM 어학원에서 베트남어를 배우고 있습니다.

Em _____ học tiếng Việt ở _____ ___ _____ _____ YMB tại Gangnam.

Q3 베트남어를 빠르게 배우는 방법   저는 베트남 친구를 사귀면 베트남어를 빨리 배울 수 있다고 생각합니다.

Em nghĩ ___ ___ với người Việt thì có thể học tiếng Việt ___.

Q4 어려움 극복   어려움을 극복하기 위해 베트남으로 여행을 갔습니다. 베트남어를 잘 하진 못하지만, 베트남에 직접 가서 베트남어를 사용하고 직접 음식도 먹어보니 베트남어에 대한 흥미가 더욱 생겼습니다.

Em đã đi ___ _____ Việt Nam để _____ ___ ___ ___ ___. Dù em không giỏi nói tiếng Việt, ___ _____ với người Việt bằng tiếng Việt và ăn món ăn Việt tại Việt Nam rồi em lại ___ _____ ___ học tiếng Việt.

Q5 학습 권유   베트남은 발전하고 있는 나라 중 하나이며, 요즘 많은 한국 기업들이 베트남에 대한 관심이 대단히 많습니다.

Việt Nam là một nước _____ _____ _____ và hiện nay nhiều _____ _____ Hàn Quốc có nhiều _____ ___ đến Việt Nam.

바로 써먹는 문장

베트남어 학습에 관한 다양한 표현을 응용할 수 있는 표현 Tip들입니다.

4

1 베트남어는 베트남 사회주의 공화국의 공식 언어입니다.

Tiếng Việt là ngôn ngữ chính thức của nước cộng hòa xã hội chủ nghĩa Việt Nam.

2 외국어 구사능력은 자기 자신의 부가가치를 창출합니다.

Kỹ năng ngoại ngữ có thể tạo nên giá trị gia tăng của mình.

3 베트남어를 배우는 것은 매우 어렵지만 재밌습니다.

Học tiếng Việt khó lắm mà vui.

4 저는 친구들과 베트남어 말하기를 연습합니다.

Em luyện nói tiếng Việt với bạn.

5 영화나 텔레비젼 방송을 시청하는 것은 외국어 학습을 위한 하나의 좋은 방법입니다.

Xem phim hay xem tivi có thể một phương pháp tốt để học ngoại ngữ.

6 저는 대학원 입학시험을 보기 위해 베트남어를 배웁니다.

Em học tiếng Việt để chuẩn bị thi vào sau đại học.

7 일기를 쓰는 것은 외국어를 배우는 가장 좋은 방법입니다.

Viết nhật kí có thể là một cách tốt nhất để học ngoại ngữ.

8 저의 목표는 매일 10개의 새로운 단어를 암기하는 것입니다.

Học thuộc 10 từ mới mỗi ngày là mục đích của em.

9 외국어를 빨리 배우는 가장 좋은 방법은 해외 어학연수입니다.

Đi nước ngoài học tiếng là một cách nhanh nhất học ngoại ngữ.

10 저는 나중에 베트남어로 된 소설책을 읽는 것이 목표입니다.

Em hy vọng sẽ đọc được quyển tiểu thuyết bằng tiếng Việt trong tương lai.

11 저는 카카오톡으로 베트남 친구와 베트남어로 이야기를 나눕니다.

Em nói chuyện bằng tiếng Việt dùng KaKao Talk với bạn người Việt.

문법 Tips 4   질의응답

OPI 시험은 끊임없는 질의응답의 연속입니다. 대답과 질문에 기초가 되는 단어들을 꼭 익혀두도록 합시다.

1.Dạ / Vâng

Dạ / Vâng 동의할 때 사용하는 대답입니다. **맞아요, 네, 그렇습니다** 라고 표현되며, 문장 맨 앞에 위치합니다.
보통 북부에서는 Vâng, 남부에서는 Dạ 를 사용합니다.

- Em là sinh viên. phải không?
  당신은 학생이죠?

  → **Dạ/Vâng**. phải.
  네, 그렇습니다.

- Em có bao giờ ăn phở chưa?
  쌀국수를 먹어본 적이 있나요?

  → **Dạ/Vâng**. Có.
  네, 있습니다.

2. Phải không

Phải không 문장 맨 마지막에 위치하며 의문형 문장을 만들 때 사용됩니다. **그렇죠? 맞나요?** 의 뜻을 가지며
유사한 관용구로써 Đúng không 이 있습니다.

- Anh là người Hàn Quốc. **phải không**?   당신은 한국 사람인가요?
- Hôm nay chị đi làm. **phải không**?   오늘 출근하시죠? 그렇죠?

3. Còn

접속사인 Còn 은 방금(이전) 말한 것과 다른 것을 말할 때 사용됩니다. 또한, 어미에 Còn + 2인칭 대명사로
사용될 시, **당신은 어떤가요?** 라는 의문형 문장을 만들어 주기도 합니다.

- Cô jeina là người Mỹ **còn** cô Marie là người Anh.
  제이나 선생님은 미국 사람이고, 마리 선생님은 영국 사람이다.

- Tôi là người Việt. **Còn** anh?   저는 베트남 사람입니다. 당신은요?
- Em thấy phim này rất hay. **Còn** chị?   이 영화 진짜 재밌을 거 같아요. 어떻게 생각해요?

Hãy nói về phương tiện giao thông

교통수단에 대해 말하기

학습목표 종종 다루어지는 주제인 교통수단에 대해 알아봅시다.
자주 이용하는 교통수단, 출퇴근(등하교) 방법 등에 대해
익혀보겠습니다.

Q & A 1. 베트남 대중교통 이용

2. 한국의 인기있는 대중교통

3. 선호하는 대중교통 수단

4. 회사(학교)에 갈 때 이용하는 교통수단

5. 베트남과 한국의 대중교통 차이

문법 Tips 사용 빈도 높은 단어들 1

대중교통이나 교통수단은 OPI 시험에서 빠지지 않는 토픽입니다. 어떤 대중교통을 선호하는지, 어떤 교통수단으로 출퇴근 또는 학교에 가는지, 왜 그 교통수단을 선호하는지, 요금은 어떤지 등에 대해 자주 질문합니다. 좋아한다 또는 싫어한다라는 식의 단순한 답변보다는 장점, 요금, 주거지에서의 위치, 운행 서비스 등에 대해 종합적으로 설명할 수 있도록 준비해야만 합니다.

대중교통을 이용하지 않는다면, 도보나 자전거 또는 자가용을 이용하는 상황과 그 이유에 대해서도 논리적으로 설명할 수 있어야 합니다.

또한, 한국의 교통수단 뿐만 아니라 베트남에 있는 대중교통이나 교통수단에 대해서도 지식을 갖고 있어야 합니다. 만일, 직접 경험해 본 교통수단이 있다면 답변하기에 더욱 좋을 것입니다. 직접 타보거나 경험해 본 적이 없다면, 텔레비전이나 인터넷 등을 통해 접해 본 경험을 중심으로 설명하면 됩니다.

한국과 베트남의 대표적인 교통수단이나 대중교통을 최소 2개씩 준비하여 시험에 대비하시기 바랍니다.

Tip

1. **한국과 베트남의 대표적인 교통수단, 대중교통에 대해 숙지하기!**

2. **이용해 본 경험을 중심으로 설명!**

3. **선호하는 대중교통과 그 이유에 대해 설명!**

4. **한국에는 없고 베트남에만 있는 교통수단 알아두기!**

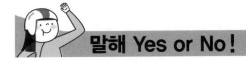
Q1 Bạn có thích đi xe điện ngầm hơn so với xe buýt không?

당신은 버스보다 지하철을 더 선호하나요?

YES
Dạ đúng rồi. Đi xe điện ngầm thì không cần lo kẹt xe và có thể tới nơi luôn đúng giờ nên em thích đi xe điện ngầm.

네. 요금이 저렴하고 정시에 출근할 수 있기 때문에 저는 버스보다 지하철 이용을 더 선호합니다.

NO
Không ạ. Em thích đi xe buýt hơn vì nhà em gần với trạm xe buýt và đi xe buýt thì em có thể ngồi trên đường đi công ty.

아닙니다. 집이 버스 정류장에서 가깝고 회사 가는 길에 앉아서 갈 수 있어서 버스를 더 선호합니다.

SOSO
Em thích cả hai vì nhà em gần với ga xe điện ngầm và trạm xe buýt, tiền phí hai phương tiện này gần giống nhau.

저의 집이 버스 정류장 뿐만 아니라 지하철역에서도 가깝고 요금도 많이 다르지 않기 때문에 저는 둘 다 좋아합니다.

어휘 đúng giờ 정시에 thích hơn ~를 더 선호하다 ngồi 앉다 cả hai 둘 다 tiền phí 요금 giống nhau 비슷한, 같은

Q2 Theo bạn phí xe điện ngầm ở Hàn Quốc có mắt không?

한국의 지하철 요금은 비싸다고 생각하나요?

YES
Dạ có. Thật ra tiền phí bây giờ không đắt lắm nhưng vấn đề là tốc độ tăng phí.

네. 사실 현재는 그렇게 비싸지 않다고 생각하지만, 문제는 가격이 오르는 속도입니다.

NO
Dạ không. Theo em biết, tiền phí xe điện ngầm ở Hàn Quốc rẻ hơn so với các nước khác.

아니요. 제가 알기론 다른 나라에 비해 지하철 요금이 싸다고 알고 있습니다.

SOSO
Em nghĩ tiền phí bây giờ hợp lý. Nếu giữ được mức giá em sẽ tiếp tục dùng xe điện ngầm.

저는 적당한 가격이라고 생각합니다. 만약 이 가격대를 유지한다면 저는 앞으로 지하철을 계속해서 이용할 예정입니다.

어휘 Thật ra 실은, 사실은 tiền phí 요금 tốc độ 속도 tăng 오르다 so với ~와 비교하여 hợp lý 합리적인, 적당한 tiếp tục 계속해서, 지속적으로

Q 1 Bạn có bao giờ dùng giao thông công cộng của Việt Nam chưa?

베트남 대중교통을 이용한 경험이 있나요?

 05-03

 샘의 Tips

Xe máy (오토바이), Xe ô tô (자동차), Xe buýt (버스), Xe tắc xi (택시) 등 기본적인 교통수단은 꼭 익혀둡시다. **Xe ôm** 은 베트남의 독특한 교통수단으로 **오토바이 택시** 입니다.

 &A

자신의 상황과 가장 비슷한 답변을 중심으로 집중 연습해 보세요!

상황 1

Khi em đi du lịch ở Việt Nam, em đã dùng thử xe ôm. Em cảm thấy thú vị và lạ khi đi xe ôm vì ở Hàn Quốc không có. Em nghĩ xe ôm là phương tiện giao thông vừa rẻ vừa nhanh.

베트남으로 여행을 갔을 때 저는 쎄옴을 타본 적이 있습니다. 한국에는 없는 교통수단이라 신기하고 흥미로웠습니다. 쎄옴은 싸고 빠른 교통수단이라고 생각합니다.

상황 2

Em chưa bao giờ dùng giao thông công cộng của Việt Nam nhưng em đã xem xích lô trên tivi. Chừng nào có dịp đi du lịch Việt Nam em muốn đi thử xích lô.

저는 아직 베트남 대중교통을 이용해본 적이 없습니다만 텔레비젼 방송을 통해 씨클로를 본 적이 있습니다. 언제 베트남에 여행갈 기회가 있으면 씨클로를 타보고 싶습니다.

상황 3

Em thỉnh thoảng đi xe buýt đến trường khi đi du học ở Việt Nam. Em có thể tiết kiệm vì vé xe buýt rẻ nhưng khi kẹt xe thì tốn nhiều thời gian lắm.

베트남 유학시절 학교에 갈 때 종종 버스를 이용했습니다. 버스비가 싸서 절약을 할 수 있지만 교통체증이 심할 때는 시간이 너무 많이 걸립니다.

 표현
Tips

· 저는 아직 ~해본 적이 없습니다 **Em chưa bao giờ ~**

· 베트남에 여행 갈 기회가 있으면 ~를 하고 싶습니다
Chừng nào có dịp đi du lịch Việt Nam em muốn ~

어휘 lạ 신기한 phương tiện giao thông 교통수단 vừa~ vừa~ ~하면서 ~한 xích lô 씨클로(인력거) chừng nào 언제 đi thử 타보다 du học 유학하다 tiết kiệm 절약하다 kẹt xe 교통체증(차가 막히다) tốn 소비하다

Người Hàn Quốc ưa chuộng giao thông công cộng gì?

Q2

한국 사람이 선호하는 대중교통 수단은 무엇인가요?

 05-04

샘의 Tips

가장 인기 있는 것은 ~이다의 표현으로 **~ được ưa chuộng(ưa thích) nhất** 을 사용합니다.

&A

자신의 상황과 가장 비슷한 답변을 중심으로 집중 연습해 보세요!

상황 1

Theo em nghĩ, xe điện ngầm là giao thông công cộng được ưa chuộng nhất vì giá vé rẻ so với phương tiện giao thông khác như xe taxi và không cần lo bị tắc đường.

저의 생각에는, 지하철이 한국에서 가장 인기있는 대중교통 수단인데 그 이유는 택시 같은 다른 교통수단과 비교하여 요금이 저렴하고 교통체증을 걱정할 필요가 없기 때문입니다.

상황 2

Em thích xe buýt nhất. Xe điện ngầm thì luôn đông người phức tạp lắm, xe taxi thì giá cước đắt.

저는 버스를 가장 좋아합니다. 지하철은 항상 사람들이 너무 많아 복잡하고, 택시는 가격이 비쌉니다.

상황 3

Ở Hàn Quốc có xe lửa rất nhanh tên là KTX. KTX được chạy tốc độ cao, tốc độ trung bình là khoảng 300km nên có thể tiết kiệm thời gian. **Mặc dù giá hơi đắt, đa số người ưa chuộng dùng KTX** là khi đi du lịch quốc nội.

한국에는 KTX라는 이름을 가진 매우 빠른 기차가 있습니다. KTX는 약 시속 300 킬로미터의 고속으로 운행하기 때문에 시간을 절약할 수 있습니다. **비록 가격은 비싸지만**, 국내 여행을 갈 때 **KTX는 가장 선호하는 교통수단**이라고 생각합니다.

표현
Tips

• 비록 가격이 비쌀지라도 많은 사람들은 ~을 이용하는 것을 선호한다
Mặc dù giá hơi đắt, đa số người ưa chuộng dùng ~

• **Mặc dù ~ nhưng ~** 의 형태로 많이 쓰이며 비록 ~할지라도 ~한다라는 뜻을 가집니다.

어휘 ưa chuộng 좋아하다, 선호하다 bị tắc đường 교통체증, 길이 막히는 xe điện ngầm 지하철 đông người 사람이 많은, 붐비는 phức tạp 복잡한 giá cước 요금 tốc độ 속도 trung bình 평균치 tiết kiệm 절약하다, 아끼다 mặc dù ~일 지라도 quốc nội 국내

Thông thường bạn dùng giao thông công cộng nào?

당신은 보통 어떤 대중교통 수단을 이용하나요?

05-05

샘의 *Tips*

Đúng giờ (정시에, 제시간에), Kẹt xe / Tắc đường (길이 막히는, 교통체증), Giá / Giá cước / Phí (요금) 등 교통과 관련된 단어들을 익혀둡시다.

&A 자신의 상황과 가장 비슷한 답변을 중심으로 집중 연습해 보세요!

상황 1 **Thông thường em thích đi xe buýt vì không những giá rẻ mà còn có nhiều tuyến đường xe buýt trong thành phố.**

요금이 저렴할 뿐만 아니라 시내 내에서 버스노선이 다양하기 때문에 저는 버스를 좋아합니다.

상황 2 Em luôn dùng xe điện ngầm vì giá rẻ và luôn vận hành đúng giờ. Hơn nữa ga xe điện ngầm nằm ở gần nhà em, em thích đi xe điện ngầm.

요금이 저렴하고 정시에 운행하기 때문에 저는 항상 지하철을 탑니다. 게다가, 지하철역이 집에서 가깝기 때문에 저는 지하철을 이용하는 것을 좋아합니다.

상황 3 Em thích đi taxi vì em thường về nhà vào ban đêm. Giá cước taxi đắt hơn giao thông công cộng khác. Ban ngày thì giá mở cửa là 3,000 won mà sau 12 giờ đêm thì tính phí phụ thu.

종종 한밤중에 퇴근하기 때문에 저는 택시이용을 더 선호합니다. 택시비는 다른 대중교통보다 비쌉니다. 낮시간에는 기본요금이 3,000원이지만 12시가 넘어가면 추가요금이 발생합니다.

상황 4 Em có xe hơi cho nên em thông thường đi lại bằng xe hơi của mình. **Nhưng khi mệt mỏi em sẽ đi làm bằng xe điện ngầm.**

자가용을 보유하고 있어서, 저는 보통 자차를 이용합니다. 그러나, 때때로 피곤할 때는 지하철로 출근을 합니다.

표현 · 요금이 저렴하기 때문에 ~를 타는 것을 좋아합니다 **Thông thường em thích đi ~ vì giá rẻ**
Tips · 피곤할 때는 ~로 출근을 합니다 **Nhưng khi mệt mỏi em sẽ đi làm bằng ~**

어휘 giá 요금 thành phố 시내 hơn nữa 게다가, 더욱이 ga 역, 정거장 ban ngày 낮 giá mở cửa
기본요금 phí phụ thu 추가요금 xe hơi 자동차

73

Q4 Bạn đi làm(đi học) bằng gì?

회사(학교)에 주로 무엇을 타고 가나요?

 05-06

셈의 Tips

Bằng+교통수단의 경우 ~를 타다(이용하다)라는 뜻으로 사용됩니다.

정도를 표현하는 부사 : hơi 조금 / khá 꽤 / rất 매우 / quá 지나치게+형용사·동사

위의 부사들을 사용하면 문장을 생동감있게 만들어 줍니다.

&A 자신의 상황과 가장 비슷한 답변을 중심으로 집중 연습해 보세요!

상황 1 Em thường đi học bằng xe điện ngầm vì ga xe điện ngầm nằm ở rất gần nhà em và còn tiết kiệm được hơn chi phí giao thông khác. **Từ nhà đến trường bằng xe điện ngầm mất khoảng chỉ 15 phút thôi.**

지하철역이 집에서 매우 가깝고 교통비를 절약할 수 있어서 보통 저는 지하철을 탑니다. **저희 집에서 학교까지 지하철로 15분이면 도착할 수 있습니다.**

상황 2 Khi em đi học, em đi bằng xe đạp vì từ nhà đến trường không xa lắm và đi xe đạp giống như tập thể dục. Em rất thích đi xe đạp.

학교에 갈 때, 집에서 멀지 않고 운동을 할 수 있기 때문에 저는 보통 자전거를 탑니다. 저는 자전거 타는 것을 매우 좋아합니다.

상황 3 Từ nhà đến công ty hơi xa, em đi bằng xe buýt trước sau đó cần phải chuyển sang xe điện ngầm. Thông thường mất khoảng 1 tiếng rưỡi. **Em sẽ chuyển nhà vào khoảng cuối năm nay để tiết kiệm thời gian.**

집에서 회사까지 약간 멀기 때문에 출근하기 위해서 저는 먼저 버스를 타고 지하철로 환승해야만 합니다. 보통 약 1시간 반 정도 걸립니다. **시간을 아끼기 위하여 올해 말 정도 이사를 할 계획입니다.**

표현 Tips

· 집에서 학교까지 ~로 15분 밖에 안 걸립니다
Từ nhà đến trường bằng ~ mất khoảng chỉ 15 phút thôi

· 저는 시간을 아끼기 위해 ~에 이사할 계획입니다
Em sẽ chuyển nhà vào ~ để tiết kiệm thời gian

어휘 nằm ở ~에 위치하다 phí giao thông 교통비 chỉ 단지, 다만 không xa lắm 그렇게 멀지 않다 sau đó 그 후, 그리고나서 chuyển sang 환승하다 rưỡi (단위의) 절반 chuyển nhà 이사하다

대중교통 차이

Q5 Sự khác biệt của giao thông công cộng Việt Nam và Hàn Quốc là gì?

한국과 베트남의 대중교통 수단의 차이점은 무엇인가요?

🎧 05-07

샘의 Tips

감탄을 표현하는 부사 : 형용사·동사 + **lắm, quá** 매우 / **thật** 정말로, 진짜로

정도를 표현하는 것은 형용사 '**앞**', 감탄은 '**뒤**' 를 기억해 주세요.

&A 자신의 상황과 가장 비슷한 답변을 중심으로 집중 연습해 보세요!

상황 1 **Nói chung sự khác biệt của giao thông công cộng giữa hai nước không lớn lắm.** Nhưng phương tiện giao thông chủ yếu của Việt Nam là xe máy còn ở Hàn Quốc là xe hơi.

일반적으로, 제 생각에 두 나라 간의 차이가 크지 않습니다. 다만 베트남 사람들의 주요 교통수단은 오토바이이고 한국은 자동차라는 차이가 있습니다.

상황 2 Sau khi đi du lịch Việt Nam, em thấy cơ sở hạ tầng giao thông Việt Nam chưa được phát triển lắm. Chắc nhiều người Việt không cảm nhận được sự cần thiết giao thông công cộng vì đa số mọi người dùng xe máy.

베트남에 여행을 다녀와서 느낀 결과 베트남의 대중교통은 인프라 구축이 미흡한 것 같습니다. 아마 많은 사람들이 오토바이를 이용하기 때문에 대중교통의 필요성을 많이 느끼지 못하는 것 같습니다.

상황 3 **Giao thông công cộng của Việt Nam chưa được phát triển lắm.** Ví dụ như số xe buýt nội thành không nhiều còn tuyến đường xe buýt không đa dạng nữa. Nếu tương lai sau này hệ thống giao thông công cộng được mở rộng sẽ giải quyết được vấn đề kẹt xe và giảm ô nhiễm khói thải.

아직까지 베트남의 대중교통은 많이 발전되진 않은 것 같습니다. 예를 들어 시내버스는 숫자도 많지 않고 노선 또한 다양하지 않습니다. 앞으로 대중교통 시스템이 확충되면 매연도 줄어들고 교통체증도 해소될 수 있을거라 생각합니다.

표현
Tips

- 일반적으로, ~에 대해 두 나라 간의 차이는 크지 않습니다
  Nói chung sự khác biệt của ~ giữa hai nước không lớn lắm

- 베트남의 ~은 많이 발전되진 않았다 **~ của Việt Nam chưa được phát triển lắm**

어휘 sự khác biệt 차이, 차이점 nói chung 일반적으로 chủ yếu 주요, 주요한 cơ sở hạ tầng 인프라 cảm nhận 느끼다, 생각하다 sự cần thiết 필요성 đa số 대다수, 다수 nội thành 시내 đa dạng 다양한 tương lai sau này 나중에, 향후에 mở rộng 확대하다, 넓히다 giải quyết 해결하다 giảm 줄이다 ô nhiễm 오염 khói thải 매연

75

Q1 베트남 대중교통 이용   베트남으로 여행을 갔을 때 저는 쎄옴을 **타본 적이** 있습니다.

Khi em đi du lịch ở Việt Nam, em đã ____ ____ xe ôm.

Q2 한국의 인기있는 대중교통   지하철은 가장 인기있는 대중교통 수단입니다.

___ ____ ____ là giao thông công cộng ____ ___ _____ ____.

Q3 선호하는 대중교통 수단   자가용을 보유하고 있어서, 저는 보통 자차를 이용합니다

Em có ___ ____ cho nên em thông thường đi lại ____ xe hơi của mình.

Q4 회사(학교)에 이용하는 교통수단   집에서 회사까지 약간 멀기 때문에 출근하기 위해서 저는 먼저 **버스**를 타고 지하철로 환승해야만 합니다.

Từ nhà đến công ty ____ xa, em đi bằng ___ ____ trước sau đó cần phải____ ____xe điện ngầm.

Q5 베트남과 한국의 대중교통 차이   베트남의 대중교통은 인프라 **구축**이 미흡한 것 같습니다

Em thấy ___ ___ ___ ____ giao thông Việt Nam ____ ____ phát triển lắm.

바로 써먹는 문장

5

교통수단에 관한 다양한 표현을 응용할 수 있는 표현 Tip들입니다.

1 오토바이는 베트남 사람들에게 두 다리와 같다고 들었습니다.
Em nghe nói xe máy giống như đôi chân đối với người Việt Nam.

2 씨클로는 베트남에서 하나의 문화유산이라고 볼 수 있습니다.
Xích lô được coi là một di sản văn hóa của Việt Nam.

3 도시마다 대중교통 요금이 다릅니다.
Tiền phí giao thông công cộng từng thành phố khác nhau.

4 한국의 택시요금은 런던이나 다른 나라 대도시처럼 비싸지 않습니다.
Giá cước taxi ở Hàn Quốc không quá đắt như London hoặc các đô thị lớn của nước khác.

5 지하철은 손님을 가장 많이 태울 수 있는 대중교통 수단입니다.
Xe điện ngầm là phương tiện giao thông chở được nhiều người nhất.

6 한국의 시내, 시외버스 시스템은 매우 좋습니다.
Hệ thống xe buýt trong và ngoại thành phố của Hàn Quốc rất tốt.

7 서울에 있는 지하철은 한국에서 가장 긴 지하철입니다.
Xe điện ngầm tại Seoul là xe điện ngầm dài nhất ở Hàn Quốc.

8 대중교통을 이용하는 것은 환경을 보호하는 것이라고 생각합니다.
Em nghĩ việc sử dụng giao thông công cộng có thể bảo vệ môi trường.

9 교통체증을 완화시키기 위해 베트남에도 대중교통 인프라가 빨리 확충되면 좋겠습니다.
Em hy vọng cơ sở hạ tầng giao thông của Việt Nam phát triển nhanh để giảm bị kẹt xe.

10 KTX는 먼 거리를 빨리 이동할 수 있지만 가격이 비쌉니다.
KTX có thể đi nhanh khoảng cách xa nhưng giá đắt.

11 저는 작년에 중고차를 한 대 구매 했습니다.
Em đã mua một chiếc xe ô tô cũ năm ngoái.

12 저는 올해 초 운전면허를 취득했습니다.
Em lấy giấy phép lái xe đầu năm nay.

문법 Tips 5

사용 빈도 높은 단어들 1

베트남어 문장 안에서 사용 빈도 수가 가장 높은 단어들에 대해 알아봅시다.

1. Là

Là 는 ~이다 라는 표현으로 주어와 명사/대명사를 이어주는 역할을 합니다. 영어로 따지면 be동사의 역할이며, 보통 **주어 + Là + 명사 / 대명사** 형태로 사용됩니다.

* 경우에 따라 Là 를 생략가능하며, 회화체에서는 생략하는 경우도 다수 있습니다.

- Em tên **là** Kim   제 이름은 Kim입니다.   * Em tên Kim (là) 생략가능.
- Tôi **là** người Hàn Quốc   저는 한국 사람입니다.
- Anh ấy **là** sinh viên   그는 학생입니다.

2. Gì

의문사인 **Gì** 는 보통 **문장 맨 마지막에 위치하며 의문문을 만들 때 사용됩니다.** 영어로 따지면 what과 유사한 단어입니다. 동사 혹은 Là 뒤에 사용됩니다.

- Anh tên là **gì**?   이름이 무엇인가요?   * Anh tên gì? (là) 생략 시
- Chị đang làm **gì**?   지금 뭐하고 계시나요?

3. Có … không?

가장 많이 사용되는 의문형 문법입니다! 의문문을 만들 때 사용하는 구조로 주어가 어떤 상태/동작을 하는지 묻는 표현입니다. 상황에 따라 Có 는 생략이 가능합니다.

> 주어 + **Có** + 동사/형용사 + **không**?

- Anh **có** khỏe **không**?   잘 지내세요?(건강하세요?)   * Anh khỏe không? (có) 생략 시
- Chị **có** vui **không**?   재미있나요?(즐거우신가요?)

> **Có** … **không**? 에 대한 대답

- (긍정) Anh **có** khỏe **không**?   잘 지내세요? **/** Dạ có (em khỏe)
- (부정) Anh **có** khỏe **không**?   잘 지내세요? **/** Dạ không (em không khỏe)

Hãy nói về đặc điểm của Việt Nam

베트남 특성에 대해 말하기

학습 목표	반드시 설명할 수 있어야만 하는 토픽이며 비중도 높은 내용들입니다. 베트남의 생활상, 문화 특징 등을 알아보겠습니다.
Q &A	1. 베트남 생활특성 2. 한국과 베트남의 문화 차이 3. 베트남 생활양식에 대한 인상 4. 베트남에 대해 떠오르는 생각 5. 이용해본 베트남 문화시설
문법 Tips	사용 빈도 높은 단어들 2

생활상, 문화, 전통, 경험 등 베트남 고유의 특징에 대해서는 틈틈히 관련 자료를 학습하여 최소 1~2개 토픽에 대해서는 대답할 수 있어야 합니다.

특히, 베트남에 가본 경험 유무, 느낀점, 인상 등에 대해서는 논리적으로 대답해야 합니다. 아직 가본 경험이 없더라도 그리고 여행할 계획이 당장은 없다 하더라도 **'향후에 어떤 목적으로 꼭 가볼 계획이다'** 라고 설명을 하는 것이 좋습니다.

또한, 베트남 문화와 한국 문화의 유사점이나 차이점도 숙지할 필요가 있습니다. 예를 들어, 주식이 쌀인 문화, 협동정신 문화 등 유사한 문화에 대해서 알아 두시면 많은 도움이 될 것입니다. 베트남 문화를 모르면서 베트남어 OPI 시험을 본다는 것은 아직 준비가 덜된 것과 다름없을 것입니다.

Tip

1. **베트남 문화, 전통, 생활양식에 대해 공부하기!**

2. **베트남 문화와 한국의 문화 간의 차이점과 공통점!**

3. **베트남 방문에 대한 느낌, 인상은?**

4. **베트남을 방문한 적이 있으면 왜 갔었는지,**
   아직 가보지 못했다면 계획은 있는지?

Q&A
List

🎧 06-01

Q0 말해 Yes or No!

Q1 Cái gì là đặc điểm của Việt Nam(hoặc người Việt Nam)?

베트남(사람)의 특성은 무엇인가요?

Q2 Sự khác biệt văn hóa của Việt Nam và Hàn Quốc là gì?

한국과 베트남의 문화차이는 무엇일까요?

Q3 (Nếu bạn đã sang Việt Nam) Bạn thấy lối sống của người Việt như thế nào?

(가본 적이 있다면) 베트남 사람들의 생활상에 대한 인상은 어떠했나요?

Q4 Khi bạn nghe "Việt Nam", bạn thường nghĩ đến cái gì?

베트남하면 떠오르는 것은 무엇인가요?

Q5 Bạn có dùng địa điểm văn hóa-giải trí của Việt Nam lần nào chưa?

베트남 문화시설을 이용해 본 것이 있나요?

Q1 Bạn đã bao giờ đi Việt Nam chưa?
베트남에 가본 경험이 있나요?

YES

Dạ vâng. Em ở Việt Nam từ năm 2007 đến 2015. Em đã tốt nghiệp đại học khóa học xã hội và nhân văn TP.HCM sau đó làm việc ở HCM luôn.

네. 저는 2007년부터 2015년까지 8년간 베트남에 있었습니다. 호치민 인문사회과학대학교를 졸업하고 직장생활을 했습니다.

NO

Không ạ. Em chưa bao giờ đi Việt Nam nhưng nghỉ hè này em đang lập kế hoạch đi du lịch Đà Nẵng với bạn em.

아니오. 아직 베트남에 가본 경험은 없습니다만 이번 여름 방학에 친구와 함께 다낭 여행을 갈 예정이라서 현재 여행 계획을 세우고 있습니다.

SOSO

Dạ có. Khi đi công tác Singapore em ở lại Hà Nội khoảng 5 tiếng để chuyển máy bay.

네, 가보았습니다. 싱가폴 출장을 갈 때, 환승 때문에 저는 약 5시간 가량 하노이에 머물렀습니다.

어휘   khóa học 과학   xã hội 사회   nhân văn 인문   nghỉ hè 방학, 여름방학   lập 세우다   ở lại 머물다   chuyển máy bay 환승(비행기)

Q2 Bạn có biết nghệ thuật truyền thống nào của Việt Nam không?
베트남 전통예술공연에 대해 아시나요?

YES

Dạ có. Mấy tháng trước em đã xem một phim tài liệu giới thiệu về văn hóa của Việt Nam trên ti vi. Em nhớ nghệ thuật sân khấu dân gian là "Chèo" và " múa rối nước".

네. 몇 달 전에 저는 TV에서 베트남 문화들에 대한 다큐멘터리 시리즈를 본 적이 있습니다. "Cheo"라는 전통 공연과 "수상 인형극"이 기억납니다.

NO

Dạ không. Em chưa biết mà nếu có dịp thì em muốn tìm hiểu và đi xem trực tiếp.

아니요. 아직 모릅니다만 기회가 있다면 직접 가서 보고 싶습니다.

SOSO

Em đã nghe một người bạn Việt Nam kể nhưng không nhớ rõ chi tiết.

베트남 친구에게 들어본 적은 있습니다만 세부사항에 대해서는 잘 기억하지 못합니다.

어휘   phim tài liệu 다큐멘터리   sân khấu 무대   dân gian 민간의, 인민대중   trực tiếp 직접   rõ 명확한, 파악하다

Q 1 Cái gì là đặc điểm của Việt Nam(hoặc người Việt Nam)? 베트남(사람)의 특성은 무엇인가요? 06-03

샘의 Tips

베트남은 위아래로 긴 나라로, 크게 Miền Bắc/Trung/Nam (북부/중부/남부)로 구분됩니다. 각 지역마다 사람들의 특징이 다릅니다. 북부는 근면성실하고 생활력이 강한 편이며, 남부는 낙천적이며 사람들에게 호의를 잘 베푸는 편입니다.

&A

자신의 상황과 가장 비슷한 답변을 중심으로 집중 연습해 보세요!

상황 1 Theo em nghĩ người Việt Nam có tính xởi lởi, hiếu khách. Hơn nữa, họ thông minh và sáng tạo nên em thích người Việt và muốn kết bạn với người Việt Nam.

제 생각에는 베트남 사람들은 성격이 좋고 사람들에게 친절한 것 같습니다. 또한 똑똑하고 창의적이기 때문에 저는 베트남 사람들을 좋아합니다. 그래서 저는 베트남 친구를 사귀고 싶습니다.

상황 2 **Qua thời gian du học ở Việt Nam**, em có nhận xét là đặc trưng tâm lý của người Việt khác nhau theo vùng miền. Người miền Nam thì thoải mái, rất hiếu khách và vui vẻ còn người miền Bắc thì coi trọng lễ phép, có trên có dưới và chăm chỉ trong công việc.

베트남 유학생활을 통해 느낀 바로는, 지역마다 사람들의 특색이 다른 것 같습니다. 남부의 경우는 활발하고 사람들에게 잘 대해주고 즐거운 반면, 북부는 예의 범절을 중요시하며, 업무를 열심히 하고, 상하관계가 뚜렷하게 느껴졌습니다.

상황 3 Một bạn em đang sống ở Việt Nam nói rằng xe máy là cái chân của người Việt. **Em nghĩ xe máy là một điểm đặc biệt của Việt Nam.**

베트남에 살고 있는 제 친구가 오토바이는 베트남 사람들의 다리라고 저에게 말해주었습니다. **제 생각엔 오토바이가 베트남의 특징이라고 볼 수 있을 것 같습니다.**

표현
Tips
· ~에서 유학생활을 통해서 **Qua thời gian du học ở ~**
· 제 생각에는 ~가 베트남의 특징이라고 볼 수 있습니다
Em nghĩ ~ là một đặc điểm đặc biệt của Việt Nam

어휘 xởi lởi 호탕한, 성격이 좋은 hiếu khách(=chiều khách) 환대하는 thông minh 똑똑한, 총명한 sáng tạo 창의적인 kết bạn 친구를 사귀다 đặc trưng 특징, 특성 tâm lý 심리 vùng miền 지역 thoải mái 상쾌한, (성격이) 활발한, 좋은 coi trọng 중시하다 lễ phép 예의, 예절 có trên có dưới 상하관계

Sự khác biệt văn hóa của Việt Nam và Hàn Quốc là gì?

한국과 베트남의 문화차이는 무엇일까요? 06-04

샘의 Tips

chủ nghĩa xã hội(사회주의) chủ nghĩa dân chủ(민주주의) 등 사상과 관련된 것 이외의 사회현상에도 또한 한국어와 비슷하게 적용할 수 있습니다.

예 chủ nghĩa độc thân 독신주의

&A

자신의 상황과 가장 비슷한 답변을 중심으로 집중 연습해 보세요!

상황 1
Em nghĩ người Việt Nam coi trọng quan hệ gia đình và thích sum vầy với gia đình trong không khí ấm cúng hạnh phúc. Nhưng khác với Việt Nam, hiện nay ở Hàn Quốc ngày càng có nhiều người mang chủ nghĩa cá nhân.

제가 생각하기에 베트남 사람들은 가족관계를 중요시하고 가족과 모여있을 때 편안함과 행복을 느끼는 것 같습니다. 그러나 베트남과 달리, 요즘 한국 사람은 개인주의 경향이 날이 갈수록 많아지고 있습니다.

상황 2
Người Việt Nam thích tiếp đãi khách hoặc bạn bè đến nhà chơi còn người Hàn Quốc chỉ mời bạn thân đến nhà và ít khi mời khách đến nhà.

베트남 사람들은 친구나 손님을 집에 초대해서 노는 걸 즐겨하지만 한국은 친한 사이가 아니면 집에 거의 초대하지 않습니다.

상황 3
Văn hóa Hàn Quốc và Việt Nam gần giống nhau vì 2 nước đều thuộc vùng văn hóa Châu Á. Đặc biệt là giới trẻ Việt Nam được sinh ra sau "Chính sách đổi mới" thì **cách tư duy của họ cũng gần như giống với người Hàn Quốc**.

같은 아시아 문화권으로써 베트남과 한국의 문화는 비슷합니다. 특히, "도이 머이" 정책 이후 태어난 젊은 세대들은 **한국 사람과 사고방식이 매우 유사하다고** 생각합니다.

표현
Tips

· 베트남 사람은 ~를 중요하게 생각한다 **Em nghĩ người Việt Nam coi trọng ~**

· 그들의 사고방식은 ~와 매우 유사하다 **Cách tư duy của họ cũng gần như giống với ~**

어휘 sum vầy 여럿이서 모이다 không khí 공기, 분위기 ấm cúng 편안한 chủ nghĩa cá nhân 개인주의 tiếp đãi 대접하다 mời 초대하다, 청하다 ít khi 거의~하지 않다 vùng văn hóa 문화권 Châu Á 아시아 Chính sách đổi mới 도이머이 정책(베트남의 새마을 운동 같은 정책) cách tư duy 생각, 사고방식

생활양식

Q 3 (Nếu bạn đã sang Việt Nam) Bạn thấy lối sống của người Việt như thế nào? 🎧 06-05

(가본 적이 있다면) 베트남 사람들의 생활상에 대한 인상은 어떠했나요?

샘의 Tips

인터뷰 시 숙어, 속담등을 사용하면 면접관에게 좋은 인상을 심어 줄 수 있습니다.
Trọng tình hơn lý 와 같은 간단한 숙어 한두 문장을 익혀서 갑시다.

예 **Nói thì dễ, làm thì khó** : 말보단 행동으로 / **Có làm thì mới có ăn** : No Pain No Gain 고통 없이 얻는 것은 없다

&A

자신의 상황과 가장 비슷한 답변을 중심으로 집중 연습해 보세요!

상황 1

Em chưa bao giờ đi đến Việt Nam nên em không thể nói chính xác được về lối sống của người Việt. Nhưng em nghe nói lối sống của người Việt nhàn rỗi và dễ dàng hơn người Hàn.

제가 베트남에 아직 가본 적이 없기 때문에, 베트남 사람의 생활상에 대한 느낌에 대해 이야기할 수 없으나 베트남 사람의 생활상은 한국보다 더 편안하고 여유롭다고 들었습니다.

상황 2

Cảm nghĩ của em về lối sống của người Việt Nam qua thời gian du học tại thành phố Hồ Chí Minh là người Việt rất coi trọng tình cảm. Chẳng hạn, trọng tình hơn lý là một quan niệm sống của một bộ phận đáng kể của người Việt.

호치민에서 유학할 때 베트남 사람의 생활상에 대한 저의 느낌은 대부분 베트남 사람들은 정을 중요시한다는 것이었습니다. 예를 들어, 이론(원칙)보단 정이라는 문장은 베트남 사람들의 삶에 대한 관념을 보여주는 문장이라고 생각합니다.

상황 3

Khi em đi tuần trăng mật ở Đà Nẵng em có ấn tượng tốt về người Việt và văn hóa Việt. Vì những người Việt em đã gặp ở Đà Nẵng luôn mỉm cười và thân thiện với chúng em. **Lần sau nếu có dịp thì em muốn đến đó nữa.**

제가 다낭으로 신혼여행을 떠났을 때, 그곳 사람들이 항상 웃어주고 우리를 배려해 주어서 제 아내와 저는 베트남 사람과 문화에 대해 좋은 인상을 받았습니다. **다음에 저희는 그곳으로 다시 여행을 가고 싶습니다.**

표현
Tips

· 아직 ~에 가본 적이 없기에 정확히 말할 수 없다
 Em chưa bao giờ đi đến ~ nên em không thể nói chính xác được
· 만약 다음에 기회가 있으면 ~을 하고 싶다 **Lần sau nếu có dịp thì em muốn ~**

어휘 **chính xác** 정확한 **lối sống** 생활방식 **nhàn rỗi** 자유로운, 여유로운 **dễ dang** 쉬운, 무난한, 편안한 **cảm nghĩ** 생각, 소감 **tình cảm** 정, 감정, 정감 **chẳng hạn** 예를 들면 **trọng** 중요시하다 **lý** 이유, 근거, 이성 **quan niệm** 관념 **bộ phận** 부분 **đáng kể** 언급할 가치가 있는 **tuần trăng mật** 신혼여행 **ấn tượng** 인상 **mỉm cười** 미소짓다

85

Q4 Khi bạn nghe "Việt Nam", bạn thường nghĩ đến cái gì? 베트남하면 떠오르는 것은 무엇인가요?

06-06

쌤의 Tips

명사 + Được coi(xem) là 는 ~로 여기다, 간주되다 라고 표현됩니다.

예 Kim được coi là phụ nữ đẹp nhất trong trường

Kim은 학교에서 제일 미인으로 알려져 있다(간주되다)

&A 자신의 상황과 가장 비슷한 답변을 중심으로 집중 연습해 보세요!

상황 1

Trước hết em nghĩ đến phở. Gần đây, ở **Hàn Quốc món phở được coi là món ăn ngon và tốt cho sức khỏe**. Ngoài phở, nhiều món ăn Việt Nam như cơm chiên hải sản, cơm sườn rất hợp khẩu vị với người Hàn. Em cũng rất thích món ăn Việt Nam.

쌀국수가 가장 먼저 생각납니다. 요즘 **한국에서 쌀국수는 몸에 좋고 맛있는 음식으로 알려져 있습니다.** 쌀국수 말고도 해산물 볶음밥이나 껌슨 같은 베트남 음식은 한국 사람들 입맛에 매우 잘 맞습니다. 저 또한 역시 베트남 음식을 매우 좋아합니다.

상황 2

Em nghĩ người Việt có sức mạnh đoàn kết và yêu nước nồng nàn. Theo sự thật lịch sử, Việt Nam là quốc gia duy nhất đã chiến thắng trong cuộc chiến tranh với Mỹ.

제 생각에 베트남은 단결력이 좋고 깊은 애국심을 가진 나라라고 생각됩니다. 역사적 사실로만 봐도 유일하게 미국과의 전쟁에서 승리한 나라가 베트남입니다.

상황 3

Trước hết em nghĩ đến phong cảnh đẹp tự nhiên. Đầu năm ngoái em đã đi du lịch ở đảo Phú Quốc với bạn, **bãi biển Phú Quốc là phong cảnh đẹp nhất em đã từng thấy.**

아름다운 자연경관이 가장 먼저 떠오릅니다. 작년 초에 친구와 푸꿕섬에 놀러 갔다 왔는데 제가 태어나서 본 바닷가 중에 가장 아름다운 곳이었습니다.

표현 • 한국에서 ~는 맛있고 몸에 좋은 음식이라고 알려져 있습니다

Tips **Hàn Quốc món ~ được coi là món ăn ngon và tốt cho sức khỏe**

• ~는 제가 본 곳 중에 가장 아름다운 곳이었습니다

~ là phong cảnh đẹp nhất em đã từng thấy

어휘 nghĩ đến 생각나다, 떠오르다 được coi là ~로 여기다 cơm chiên 볶음밥 hải sản 해산물 cơm sườn 돼지갈비 덮밥 hợp khẩu vị 입맛에 맞는 sức mạnh đoàn kết 단결력 yêu nước 애국심 nồng nàn 격렬한, 진한, 깊은 sự thật lịch sử 역사적 사실 duy nhất 유일한 chiến thắng 승리 chiến tranh 전쟁 phong cảnh 경치, 경관 từng 경험하다, 체험하다

Bạn có dùng địa điểm văn hóa-giải trí của Việt Nam lần nào chưa?

베트남 문화시설을 이용해본 것이 있나요? 🎧 06-07

샘의 *Tips*

A + 동사/형용사 + So với (so sánh với) + B
B ~와 비교해서 A는 ~하다라는 뜻으로 사용됩니다.

예 Anh ấy trông có vẻ trẻ hơn so với tôi. 그는 나에 비해서 젊어보인다

자신의 상황과 가장 비슷한 답변을 중심으로 집중 연습해 보세요!

상황 1
Khi sống ở TP.HCM em thường đi xem phim ở rạp chiếu phim lotte tại khu Phú Mỹ Hưng. Chất lượng trang thiết bị của nó khá tốt và gần giống như Seoul mà giá vé chỉ phân nửa so với Hàn Quốc.

호치민에 거주할 때, 저는 푸미흥 지역에 위치한 롯데시네마에서 종종 영화를 보았습니다. 그것의 시설은 서울에 있는 것과 비교하여 뒤지지 않지만 가격은 한국에 비해 절반 밖에 되지 않습니다.

상황 2
Khi em là sinh viên Đại Học Sư Phạm TP.HCM, **em thường xuyên đi mua sắm** ở Vincom Center quận 1. Trung tâm mua sắm Vincom rất hiện đại, sạch và tiện lợi. **Trong đó có nhiều tiện nghi đa dạng như food court, siêu thị, cửa hàng bán quần áo v.v..**

제가 호치민 사범대학을 다닐 때, **종종 저는 1군에 있는 빈컴센터에서 쇼핑을 했습니다.** 그 몰은 매우 세련되고 깨끗하고, 편리합니다. 그곳에는 푸드코트, 슈퍼마켓, 의류점 등 다양한 시설이 구비되어 있습니다.

상황 3
Em chưa bao giờ đến địa điểm văn hóa-giải trí của Việt Nam vì em chưa đi đến Việt Nam. **Nhưng nếu có cơ hội đi thì em sẽ đi Hồ Gươm.**

아직 베트남에 가본 적이 없어서 베트남에 있는 문화시설을 이용해본 경험이 없습니다. 그러나, **향후에 기회가 있다면 저는 Ho Guom에 가볼 것입니다.**

표현
Tips

· 저는 종종 ~로 쇼핑을 갑니다 **Em thường xuyên đi mua sắm ~**
· 그곳에는 ~과 같은 다양한 편의시설이 있습니다 **Trong đó có nhiều tiện nghi đa dạng như ~**
· 만약 기회가 있다면 저는 ~를 갈 예정입니다 **Nếu có cơ hội đi thì em sẽ đi ~**

어휘 địa điểm văn hóa-giải trí 문화시설 rạp chiếu phim 영화관 chất lượng 품질, 질 trang thiết bị 시설, 설비 phân nửa 절반 quận 군(우리나라의 구 단위) hiện đại 현대적인, 세련된 tiện nghi 편의시설 cơ hội 기회

Q1 베트남 생활특성   제 생각에는 베트남 사람들은 성격이 좋고 사람들에게 친절한 것 같습니다.

Theo em nghĩ người Việt Nam ___ ___ xởi lởi, ____ ____.

Q2 한국과 베트남의 문화 차이   베트남 사람들은 친구나 손님을 집에 초대해서 노는 걸 즐겨하지만 한국은 친한 사이가 아니면 집에 거의 초대하지 않습니다.

Người Việt Nam thích _____ ____ khách hoặc bạn bè đến nhà chơi nhưng mà người Hàn chỉ ____ bạn thân đến nhà và ___ ___ mời khách đến nhà.

Q3 베트남 생활양식에 대한 인상   제가 다낭으로 신혼여행을 떠났을 때, 그곳 사람들이 항상 웃어주고 우리를 배려해 주어서 제 아내와 저는 베트남 사람과 문화에 대해 좋은 인상을 받았습니다.

Khi em đi ____ ____ ___ ở Đà Nẵng em có ___ ____ ___ về văn hóa và người Việt. Vì những người Việt em đã gặp ở Đà Nẵng luôn ____ ___ và thân thiện với chúng em.

Q4 베트남에 대해 떠오르는 생각   쌀국수가 가장 먼저 생각납니다. 요즘 한국에서 쌀국수는 몸에 좋고 맛있는 음식으로 알려져 있습니다.

Trước hết em ____ ____ phở. Gần đây, ở Hàn Quốc món phở ___ ___ ___ món ăn ngon và tốt cho ____ ____.

Q5 이용해본 베트남 문화시설   호치민에 거주할 때, 저는 롯데시네마에서 종종 영화를 보았습니다.

Khi sống ở TP.HCM em thường đi __ ___ ở __ ___ ___ lotte.

바로 써먹는 문장

베트남 특성에 관한 다양한 표현을 응용할 수 있는 표현 Tip들입니다.

1 베트남 사람은 똑똑하고 창의적입니다.
Người Việt thông minh và sáng tạo.

2 이 문화는 한국의 문화와 거의 유사합니다.
Văn hóa này gần giống văn hóa Hàn Quốc.

3 나라마다 분명히 다른 문화를 갖고 있습니다.
Mỗi quốc gia đều có văn hóa riêng.

4 사고방식과 생활양식은 아주 가까운 관계에 있습니다.
Giữa tư duy và lối sống có quan hệ mật thiết với nhau.

5 한국 사람은 나이가 어리거나 지위가 낮은 사람이 윗사람의 말에 따르는 경향이 있습니다.
Theo người Hàn người trẻ hơn hoặc có vị trí thấp hơn thì phải phục tùng và phục vụ người lớn tuổi hoặc có vị trí cao hơn.

6 베트남에는 아름다운 자연경관이 많이 있습니다.
Ở Việt Nam có nhiều nơi phong cảnh đẹp

7 베트남은 동남아 국가 중 가장 빠르게 발전하고 있습니다.
Việt Nam là nước phát triển mạnh nhất ở Đông Nam Á.

8 저는 매주 일요일 영화를 보러 갑니다.
Mỗi chủ nhật em đi xem phim.

9 서로 다른 문화를 존중해주어야 합니다.
Chúng ta cần phải tôn trọng sự khác biệt văn hóa.

10 경제발전에 따라 생활양식도 변화하고 있습니다.
Lối sống của con người đang thay đổi do phát triển kinh tế.

문법 Tips 6

Có, không 과 더불어 가장 많이 쓰이는 단어 중 하나인 được과 bị에 대해서 알아봅시다. 특히, bị 보다는 được의 사용 빈도수가 많으므로 được에 대해서는 확실히 익히고 넘어갑시다.

1. được

được 크게 두 가지 형태로 사용됩니다. 첫 번째로는 동사 뒤에 위치해서 **~ 할 수 있다(1)**라는 능력과 가능성 등을 나타내는 의미, 두 번째로는 주어 + được + 명사/동사 형태로 명사나 동사 앞에 위치해서 **~를 받다, ~하다, ~어 지다(2)** 라는 뜻을 가집니다. 이 때 주의해야 할 점은 문장의 의미가 좋은/긍정적인 내용일 경우, Được 을 사용하고 부정적이거나 좋지 않을 경우, Bị 를 사용합니다!

> (1)에 대한 예시

- Chị nói **được** tiếng Việt không?
  베트남어를 할 수 있나요?

→ Dạ. Tôi nói **được** tiếng Việt
  네, 할 수 있습니다.

- Anh lái **được** xe ô tô không?
  운전할 수 있나요?

→ Dạ không. Tôi không **được** lái xe.
  아니요, 전 운전을 못합니다.

> (2)에 대한 예시

- Tôi **được** khen
  나는 칭찬을 받았다.
  *긍정적인 문장이므로 bị 는 사용불가

- KTX **được** chạy tốc độ cao.
  KTX는 빠른 속도로 운행된다.

- K-pop **được** người nước ngoài yêu mến.
  K-Pop은 많은 외국인들의 사랑을 받는다.

  * 추가로, 보통 베트남 사람끼리 대화에서는 cũng được 을 많이 사용하는데, 이는 한국어로 **그럭저럭 괜찮아, 뭐 잘 됐어, 나쁘지 않다** 정도의 대답으로 사용됩니다.

2. bị

được 의 (2)번 예시와 유사하게 사용되지만, 부정적이거나 좋지 않은 일을 당할 때 사용됩니다. (수동태 문장)

- Hôm qua em **bị** căng thẳng nhiều.
  어제 저는 스트레스를 많이 받았습니다.

- Anh ấy **bị** té xe máy
  그는 오토바이 사고가 났어요. (오토바이 쓸렸어요.)

- Tôi **bị** cảm rồi.
  저는 감기에 걸렸어요.

Hãy nói về đặc điểm của Hàn Quốc

한국 특성에 대해 말하기

학습 목표	한국 문화, 생활특성, 한류, K-Pop 또한 종종 등장하는 주제입니다. 기출 토픽과 그에 따른 심화 내용까지 함께 익혀 보겠습니다.
Q &A	1. 한국의 생활특성
	2. K-pop 선호 이유
	3. 한국 학생
	4. 한국 사람들이 바쁜 이유
	5. 한국 학생들의 해외유학
문법 *Tips*	주요 접속사

베트남 생활특성, 문화 등과 더불어 한국 문화, 생활특성, 한류 등에 대한 질문은 OPI 시험에서 빠지지 않는 토픽 중의 하나입니다. 특히, 한류, K-Pop, 한국 드라마 등을 소재로 한국 문화나 생활상에 대해 질문할 수 있으므로 시사적인 토픽을 중심으로 준비해야 합니다.

외국인의 시각에서 한국의 문화, 생활특성, 한국 사람 등에 대해 생각해 보면 무엇이 한국의 특성을 대표하는지 정리될 것입니다. 질문에 답변할 때 긍정적인 답변만이 늘 좋은 것은 아닙니다. 긍정적인 측면과 부정적인 측면을 비교하면서 답변하는 능력이 바로 논리일 것입니다.

"한국에 대해 어떻게 생각해?", "한국 생활의 특징이 뭐야?", "대표적인 한국 문화가 무엇인가?"라고 머릿속에 정리해 보고 나만의 키워드를 논리적으로 준비하시면 됩니다.

Tip

1. 한국을 대표하는 문화!

2. 한국의 생활특성을 한마디로 표현하기!

3. 한류, 연예, 문화에 대한 질문은 반드시 나온다는 마음가짐 필요!

4. 외국인의 입장에서 한국의 특징을 생각해 보기!

Q & A
List

 07-01

93

Q1 Bạn có thích K-pop không?
당신은 K-pop을 좋아하나요?

YES

Dạ có. K-pop làm cho em xóa căng thẳng của đời sống hằng ngày nên em rất thích nghe K-pop.

네. K-팝이 저의 일상의 스트레스를 해소시켜주기 때문에 K-pop을 듣는 것을 매우 좋아합니다.

NO

Không ạ. Hầu hết bài hát quá nhanh và không hợp với sở thích em nên không thích.

아닙니다. 음악이 너무 빠르고 제 취향에 맞지 않기 때문에 좋아하지 않습니다.

SOSO

Dạ em thích nghe K-pop nhưng em thích hơn nhạc cổ điển.

좋아하기는 합니다만 K-pop보다 클래식을 더 좋아합니다.

어휘   xóa 삭제하다, 없애다   sở thích 취미, 취향   nhạc cổ điển 클래식 음악

Q2 Văn hóa 'nhanh nhanh' của Hàn có tốt không?
한국의 빨리 빨리 문화는 좋은 것인가요?

YES

Dạ. Văn hóa này làm cho Hàn Quốc phát triển nhanh trong thời gian ngắn.

네. 빨리 빨리 문화는 단시일 내에 한국을 발전시켰습니다.

NO

Dạ không ạ. Đa số người Hàn bị áp lực trong cuộc sống do văn hóa 'nhanh nhanh'. Em không đồng ý văn hóa 'nhanh nhanh' là tốt.

아니요. 빨리 빨리 문화 때문에 일상생활에서 한국 사람들은 많은 압박을 받습니다. 저는 그 문화가 좋다는 것에 동의하지 않습니다.

SOSO

Theo em nghĩ văn hóa đó có mặt tích cực và cũng có mặt tiêu cực. Văn hóa này làm cho người ta xử lý một việc nào đó nhanh chóng. Tuy nhiên, vì làm việc nhanh nhanh cũng có thể dẫn đến xử lý không chính xác.

제 생각에, 긍정적 측면과 부정적 측면이 있습니다. 빨리 빨리 문화는 사람을 부추겨서 일을 빨리 끝내게 할 수 있습니다. 그러나, 그 문화는 간혹 일처리가 정확하게 되지 않게 합니다.

어휘   ngắn 짧은   bị áp lực 압박을 받다   mặt tích cực 긍정적 측면   mặt tiêu cực 부정적 측면   xử lý 처리하다
dẫn đến ~로 이끌다

Q1 Đặc điểm lối sống của Hàn Quốc(hoặc người Hàn) là gì? 한국을 대표하는 생활특성은 무엇인가요?

07-03

샘의 Tips

동사 앞에 Sự 가 붙는 경우 명사 형태로 변환됩니다.

예 hoạt động 활동하다 ➔ Sự hoạt động 활동, 행위/ lựa chọn 선택하다 ➔ sự lựa chọn 선택, 가짓수

본인의 생각을 정리해서 말할 때, Tức là 혹은 Ý của em là 라는 표현을 써주면 좋습니다.

&A

자신의 상황과 가장 비슷한 답변을 중심으로 집중 연습해 보세요!

상황 1   **Em nghĩ lối sống luôn bận rộn và không có nhiều thời gian rảnh rỗi là đặc điểm lối sống của Hàn Quốc.** Chắc cô đã biết, hầu hết người Hàn Quốc có thói quen văn hóa 'nhanh lên nhanh lên'.

항상 바쁘고 한가하게 쉴 수 없는 생활이 한국 사람들의 생활특성이라고 저는 생각합니다. 아마 선생님도 아시다시피, 대부분의 한국 사람은 '빨리 빨리' 문화를 본능적으로 가지고 있습니다.

상황 2   Người Hàn Quốc coi trọng ngoại hình, tức là để ý đến cái nhìn của người khác. **Ví dụ như** nhiều người Hàn ăn kiêng hoặc thích mặc quần áo có nhãn hiệu, đắt tiền để giữ sắc đẹp.

한국 사람은 외향적인 것에 신경을 많이 쓰는 편입니다. 다시 말해 다른 사람의 시선을 신경씁니다. **예를 들어,** 브랜드가 있는 옷을 선호하고 아름다운 외모를 유지하기 위해서 돈을 많이 쓰고, 항상 다이어트를 합니다.

상황 3   **Thích hoạt động ngoài trời như cắm trại** là một đặc điểm lối sống của người Hàn Quốc. Có lẽ nhiều người Hàn đi dã ngoại để xóa sự căng thẳng trong đời sống hằng ngày.

캠핑과 같은 야외활동을 좋아하는 것이 한국 사람의 생활 특성 중에 하나라고 생각합니다. 아마 많은 한국 사람들은 일상생활에서 오는 스트레스를 해소하기 위해 야외활동을 하는 것 같습니다.

표현   • ~이 한국 사람들의 생활 특성이라고 생각합니다
Tips   **Em nghĩ ~ là đặc điểm lối sống của Hàn Quốc**

   • 예를 들어   **Ví dụ như ~**

   • 저는 ~ 같은 야외활동을 좋아합니다   **Em thích hoạt động ngoài trời như ~**

어휘   bận rộn 바쁜   rảnh rỗi 한가하게   ngoại hình 외모, 외견   để ý 신경쓰다, 주의하다   cái nhìn 시선   nhãn hiệu 브랜드   sắc đẹp 아름다움   ăn kiêng 다이어트   hoạt động ngoài trời 야외활동   cắm trại 캠핑   dã ngoại 소풍, 피크닉

Q2 Tại sao người nước ngoài thích K-pop?

왜 외국인들이 K-Pop을 좋아하나요?

 07-04

샘의 Tips

Nghe nói là(rằng) 은 **~가 말하기를(~에게 듣기로는)** 이라는 표현으로 사용됩니다.
Bạn của em nói, Mẹ em nói 등으로 변형해서 사용할 수 있습니다.

세계 각 대륙 : Châu Á 아시아, Châu Âu 유럽, Châu Mỹ 미주, Nam Mỹ 남미, Châu Phi아프리카, Trung Đông 중동, Châu Đại Dương 오세아니아

&A 자신의 상황과 가장 비슷한 답변을 중심으로 집중 연습해 보세요!

상황1 Nghe nói rằng **K-pop đang dẫn đầu thị trường âm nhạc** Châu Á vì bài hát và vũ đạo rất hợp thời đại. Hơn nữa, ngoại hình nổi bật của nhiều ca sĩ thần tượng Hàn cũng **có thể gây ảnh hưởng** sự yêu thích K-pop.

사람들이 말하기를, K-Pop은 노래와 춤이 굉장히 트렌디해서 **아시아 음악시장을 선도하고 있다**고 합니다. 또한, 많은 아이돌 가수들의 훌륭한 외모도 K-pop의 인기에 **영향을 미친다**고 생각합니다.

상황2 Thực tế là K-pop được yêu mến hơn ở khu Châu Á so với phương tây như Châu Âu hoặc Mỹ. Lý do khu vực Châu Á có cùng nền văn hóa.

사실 K-Pop은 유럽이나 미국 같은 서양보다 아시아 지역에서 가장 인기가 좋은 것으로 알고 있습니다. 아무래도 같은 아시아 문화권이기 때문인 것 같습니다.

상황3 Theo em nghĩ không phải tất cả người nước ngoài đều thích K-pop mà là chỉ một số giới trẻ thích. Thật ra, người Hàn trên 40 tuổi cũng không biết rõ K-pop là gì.

제 생각엔 모든 외국인들이 K-Pop을 좋아하지는 않고 일부 젊은 세대들만 좋아하는 것 같습니다. 사실 한국에서도 40대 이상의 한국 사람들은 K-pop을 잘 모릅니다.

표현 · ~는 현재 음악시장을 선도하고 있다   ~ **đang dẫn đầu thị trường âm nhạc**
Tips · A는 B에게 영향을 미친다   **A có thể gây ảnh hưởng B**

어휘 dẫn đầu 선도하다 âm nhạc 음악 bài hát 노래 vũ đạo 춤, 안무 hợp thời đại 트렌디한 ngoại hình nổi bật 훌륭한(출중한) 외모 thần tượng 아이돌, 우상 gây ~을 야기하다 ảnh hưởng 영향 sự yêu thích 인기, 좋아함 phương tây 서양, 서방 cùng nền văn hóa 동일한 문화권 tuổi 나이

Q3 Tại sao học sinh Hàn Quốc học tới khuya?

왜 한국 학생들은 한밤중까지 공부를 하나요?

 07-05

샘의 Tips

학업에 관련된 용어들! bị áp lực về học hành 공부에 대한 압박, đại học được đánh giá cao 유명한 대학교, buổi học 수업, kỳ thi 시험, điểm thi 성적, tốt nghiệp 졸업, thời khóa biểu 시간표, giảng bài 강의하다, học thêm 야간학습, 과외, trung tâm 학원, giáo viên 선생님, giáo sư 교수

&A 자신의 상황과 가장 비슷한 답변을 중심으로 집중 연습해 보세요!

상황 1

Thông thường học sinh cấp 2 và 3 Hàn Quốc không về nhà trước 10 giờ đêm. Họ luôn bị áp lực về học hành nên họ học ở trường rồi lại học thêm ở nhà nữa.

한국의 중학교와 고등학교 학생들은 밤 10시 전에 귀가하지 않습니다. 공부에 대한 강요를 항상 받기 때문에 그들은 학교에서 공부하고, 집에서 또 학습해야만 합니다.

상황 2

Kỳ thi vào đại học ở Hàn Quốc cạnh tranh rất lớn nên **học sinh Hàn Quốc cần phải học chăm chỉ để vào đại học nổi tiếng và tốt**. Vì vậy họ không thể về sớm được.

대학입시에 있어서, 한국은 매우 경쟁적이기 때문에 **유명하고 좋은 대학에 입학하기 위해서는 공부를 열심히 할 수 밖에 없습니다.** 그렇기 때문에 그들은 일찍 귀가할 수 없습니다.

상황 3

Thông thường học sinh Hàn Quốc học thêm ở học viện hoặc học thêm ở nhà ngoài giờ học ở trường. **Việc học thêm này không phải là sự lựa chọn mà nghĩa vụ.** Vì thế họ cần phải học tới khuya.

한국학생들은 보통 학교에서 공부 하는 것 외에, 학원을 다니거나 개인과외를 합니다. **이러한 추가 학습은 이미 선택이 아니라 의무입니다.** 그래서, 그들은 한밤중까지 책상에 앉아 공부를 해야만 합니다.

표현 • (주어)는 ~을 하기 위해 열심히 해야한다 (주어) **cần phải học chăm chỉ để ~**

Tips • ~은 선택이 아니라 의무입니다 ~ **không phải là sự lựa chọn mà nghĩa vụ**

어휘 cấp 2 중학교(cấp 3 = 고등학교) họ 그들 bị áp lực 강요를 받다, 압박을 받다 kỳ thi vào đại học 대학입시 cạnh tranh 경쟁적인 học viện 학원 sự lựa chọn 선택 nghĩa vụ 의무

97

Q4 Tại sao người Hàn luôn bận?

왜 한국 사람들은 항상 바쁜가요?

 07-06

샘의 Tips

Lúc nào cũng 은 항상 ~하다라는 표현으로 사용되며, 비슷한 단어로 **luôn luôn**이 있습니다. **Đi làm / Đi về nhà (về nhà)** 출/**퇴근하다** *tan sở 라는 단어도 있지만 보통 회화에서는 사용하지 않습니다. 추가로, **등교하다**는 đi học 이라고하며, **하교하다**는 **퇴근하다**와 동일합니다.

 &A

자신의 상황과 가장 비슷한 답변을 중심으로 집중 연습해 보세요!

상황 1

Em cảm thấy lúc nào cũng bận rộn nhưng không biết tại sao. Em nghĩ có lẽ sự bận rộn của người Hàn như vậy bị ảnh hưởng bởi thời tiết có 4 mùa và sự cạnh tranh quyết liệt trong xã hội Hàn Quốc.

제 자신이 매일 항상 바쁘지만 사실은 왜 내가 바쁜지 모르겠습니다. 이것은 아마도 4계절이 있는 날씨와 한국사회의 치열한 경쟁 때문인 것 같습니다.

상황 2

Theo em nghĩ sự bận rộn đã trở thành một văn hóa đặc trưng của Hàn Quốc. Cần cù làm việc là một nét văn hóa của Hàn Quốc, cho nên nét **văn hóa này làm cho người Hàn bận rộn**.

제가 생각하기에 분주함은 한국이 갖고 있는 독특한 문화의 한 부분이 된 것 같습니다. 한국에 있는 문화 중의 하나는 근면성실하게 일하기입니다. 아마도 **이런 문화가 한국 사람들을 바쁘게 만든 것 같습니다.**

상황 3

Đời sống hằng ngày ở Hàn Quốc luôn cạnh tranh quyết liệt nên người nào mà lười biếng thì không thể làm ăn ở Hàn Quốc. Vì thế người Hàn luôn bận.

한국에서의 일상생활은 경쟁이 매우 치열하기 때문에 게으른 사람은 한국에서 먹고 살 수 없습니다. 그렇기 때문에 한국 사람들은 항상 바쁜 것 같습니다.

 표현 ・ 이 문화는 ~를 바쁘게 만듭니다 **Văn hóa này làm cho ~ trở nên bận rộn**
Tips ・ ~에서의 일상생활은 경쟁이 매우 치열합니다
Đời sống hằng ngày ở ~ luôn cạnh tranh quyết

어휘 lúc nào 언제, 언제든지 mùa 계절 cạnh tranh quyết liệt 치열한 경쟁 đặc trưng 특징, 특성 cần cù 근면한, 열심인 lười biếng 게으른 làm ăn 생계를 꾸리다

Q5 Học sinh Hàn Quốc đi du học để làm gì?

한국 학생들이 유학을 가는 이유는 무엇인가요?

 07-07

샘의 Tips

Nước phát triển 선진국 / Nước đang phát triển 개발도상국 *Quốc gia (국가)라는 단어도 있지만, 보통 회화체에서는 국가를 지칭할 때 Nước 을 많이 사용합니다!

예 Ưu điểm 장점 / nhược điểm 단점

&A

자신의 상황과 가장 비슷한 답변을 중심으로 집중 연습해 보세요!

상황 1

Em cũng không biết rõ tại sao. Có lẽ đi du học nước phát triển thì chất lượng giáo dục cao và những thiết bị giáo dục tốt và hiện đại cho nên học sinh Hàn Quốc muốn đi học ở nước ngoài.

그 사유에 대해서 정확히 알지는 못합니다만 아마도 해외에서 배우면 교육의 질이 세계 수준이고 학습시설도 완비되어 있고 현대식일 것입니다. 그렇기 때문에 한국 학생들이 유학을 가는 것 같습니다.

상황 2

Nói chung, **ai mà học ở nước ngoài thì có ưu điểm là có năng lực tiếng Anh lưu loát.** Ưu điểm này có thể giúp cho học sinh du học nước ngoài xin việc làm dễ hơn học sinh ở trong nước. Vì vậy nhiều học sinh Hàn Quốc đi du học.

일반적으로, 해외 학교 졸업자는 영어를 유창하게 구사할 수 있다는 장점을 보유할 수 있습니다. 이러한 장점은 국내에서 공부한 사람보다 취업을 쉽게 할 수 있게 만들어주기 때문에 한국 학생들로 하여금 해외에서 공부하게 하는 것 같습니다.

상황 3

Thật ra là số học sinh đi du học chỉ một phần nhỏ thôi còn hầu hết học sinh học ở trong nước. Em nghĩ đi du học nước ngoài không tốt cho học sinh trừ mặt ngôn ngữ.

사실 유학을 가는 학생은 극히 일부분이고, 대부분 국내에서 공부를 합니다. 제 생각에는 언어적인 측면을 제외하면 해외유학은 별로 좋지 않다고 생각합니다.

표현 Tips

- 저도 이유에 대해서 정확히는 알지 못합니다 **Em cũng không biết rõ tại sao**
- 유학생들은 ~에 대한 장점이 있습니다 **người học ở nước ngoài có ưu điểm về~**
- ~은 극히 일부분일 뿐입니다 **~ chỉ một phần nhỏ thôi**

어휘 có lẽ 아마도 nước phát triển 선진국 chất lượng 품질, 질 nói chung 일반적으로, 보편적으로 ưu điểm 장점 lưu loát 유창한 trong nước 국내 một phần nhỏ 일부분 trừ ~를 제외하고 mặt 얼굴, 부분

실전연습 Q1~Q5 EXERCISE

해답은 바로 앞페이지 Q1~Q5에 있습니다.

Q1 한국의 생활특성 캠핑과 같은 야외활동을 좋아하는 것이 한국 사람의 생활 특성 중에 하나라고 생각합니다.

Thích ____ ____ ____ ____ như cắm trại là một ____ ____ ____ ____ của người Hàn Quốc.

Q2 K-pop 선호 이유 아무래도 같은 아시아 문화권이기 때문인 것 같습니다.

Lý do khu vực ____ ___ có ____ ____ văn hóa.

Q3 한국 학생 대학입시에 있어서, 한국은 매우 경쟁적이기 때문에 유명하고 좋은 대학에 입학하기 위해서는 공부를 열심히 할 수 밖에 없습니다.

___ ____ vào đại học ở Hàn Quốc ____ _____ rất lớn nên học sinh Hàn Quốc cần phải học ____ ____ để vào đại học ___ _____ và tốt.

Q4 한국 사람들이 바쁜 이유 한국에 있는 문화 중의 하나는 근면성실하게 일하기입니다. 아마도 그 문화가 한국 사람들을 바쁘게 만든 것 같습니다.

____ ____ làm việc là một nét văn hóa của Hàn Quốc cho nên nét văn hóa này ____ ____ người Hàn ____ ____.

Q5 한국 학생들의 해외유학 해외 학교 졸업자는 영어를 유창하게 구사할 수 있다는 장점을 가지고 있습니다.

Ai mà học ở ____ ____ thì có __ ____ là __ năng lực tiếng Anh lưu loát.

바로 써먹는 문장

한국 특성에 관한 다양한 표현을 응용할 수 있는 표현 Tip들입니다.

7

1 대부분 한국 사람의 이름은 두 글자 혹은 세 글자입니다.
Đại đa số tên của người Hàn có 3 chữ hoặc 2 chữ.

2 이것은 청년층에서 하나의 트렌드가 되고 있습니다.
Cái này được coi là một xu hướng đối với giới trẻ.

3 한국은 회식을 많이 하는 문화를 가지고 있습니다.
Ở Hàn Quốc có văn hóa thường xuyên liên hoan công ty.

4 한국의 많은 수출실적 중의 하나는 예술과 문화입니다.
Nghệ thuật và văn hóa là một trong những sản phẩm xuất khẩu chủ yếu của Hàn Quốc.

5 소득격차가 매우 큽니다.
Sự chênh lệch thu nhập rất lớn.

6 외국 사람들은 한국에 있는 의료서비스에 매우 만족합니다.
Nhiều người nước ngoài rất hài lòng về dịch vụ y tế của Hàn Quốc.

7 한국의 모든 남성은 18개월간 병역의무를 따릅니다.
Tất cả đàn ông Hàn Quốc đều phải đi nghĩa vụ quân sự trong vòng 18 tháng.

8 한국 사람은 국내산이 최고라는 인식을 가지고 있습니다.
Người Hàn tin tưởng "sản phẩm quốc nội" là nhất về chất lượng.

9 한국 사람의 근면성실함은 세계 최고 수준입니다.
Mức độ cần cụ lao động của người Hàn là cao nhất trên thế giới.

10 저의 친한 친구는 성형수술을 했습니다.
Một bạn thân của em đã giải phẫu thẩm mỹ.

문법 Tips 7

주요 접속사

회화에서 자주 사용되는 주요 접속사에 대해 알아봅시다.

1. Và

~와, 그리고 라는 뜻을 가지고 있으며(and) 문장과 문장, 단어와 단어를 연결해 줍니다. 앞·뒤 단어의 단위/의미/내용 등이 동일할 때 사용됩니다.

- Anh ấy có một con trai **và** một con gái.

  그는 아들 하나와 딸 하나가 있습니다.
- Nhà hàng này ngon **và** đẹp.

  이 식당은 맛있고 예쁩니다.

2. Nhưng   그러나 라는 뜻을 가지고 있으며(but) 앞·뒤 단어가 반대되는 상황일 때 사용됩니다.

- Áo này đẹp **nhưng** rất đắt.

  이 옷은 예쁘지만 매우 비쌉니다.
- Sinh tố này rẻ **nhưng** ngon.

  이 생과일 주스는 싸지만 맛있습니다.

3. Rồi   접속사로 사용될 때는 그리고 나서 라는 뜻으로 표현됩니다.

* 문장 끝에 사용되는 Rồi 는 ~했다, ~하다 라는 의미로 문장을 완성시켜 줍니다. 접속사로 사용될 때와 구분하도록 합시다.

- Sau khi em làm xong bài tập rồi đi ngủ.   숙제를 끝내고 나서 잠을 자러 갔습니다.

- Chang Ho kết hôn với He Jeong rồi sinh 3 đứa con.

  창호는 희정이랑 결혼하고 애를 셋 낳았습니다.

4. Do đó

그렇기 때문에, 그로 인해 의 뜻이며 앞 문장이 발생된(일어난) 이유를 뒤에서 설명해 줄 때 사용되는 접속사 입니다.

- Hôm qua tôi cãi nhau với bạn trai. Do đó, hôm nay tôi cảm thấy rất buồn.

  어제 저는 남자친구랑 싸웠습니다. 그렇기 때문에 오늘 매우 슬픕니다.

- Dạo nay em bận quá không có thời gian tập thể dục do đó bị lên kí.

  요즘 너무 바빠 운동할 시간이 없어서 살이 쪘습니다.

5. Nên, Cho nên   그래서, 그러므로 라는 뜻으로 사용 빈도가 높은 접속사입니다.

- Hôm nay em căng thẳng nhiều nên em sẽ đi nhậu với bạn.

  오늘 너무 스트레스를 받아서 친구와 한 잔 하러 갈 겁니다.

- Tôi có kế hoạch đi du lịch nước ngoài cho nên tôi đang danh tiền.

  해외여행을 갈 예정이라서 돈을 모으고 있습니다.

Hãy nói về món ăn
음식에 대해 말하기

학습 목표 음식과 관련된 토픽은 100%에 가까운 기출 빈도를 보입니다. 한국의 대표 음식, 추천하고 싶은 음식, 베트남 음식 경험 등을 다뤄보겠습니다.

Q & A
1. 대표적인 한국 음식
2. 한국 음식 추천
3. 베트남 음식 경험
4. 베트남 음식 소개
5. 한국과 베트남 음식 차이

문법 *Tips* 문장 구성 1

음식에 대한 질문에 대답하는 것은 쉬운 일이 아닙니다. 대부분의 수험생은 좋아하는 음식의 이름에 대해 잘 대답하지만 왜 좋아하는지, 어떤 요리인지, 언제 먹어보았는지 등에 대해 설명하는 것을 어려워합니다. 베트남 뿐만 아니라 한국의 대표음식 2~3개를 사전에 반드시 숙지해야만 질문에 잘 대응할 수 있습니다.

음식 이름, 먹어본 경험, 언제 어디서 누구와 먹어 보았는지, 맛은 어떠했는지, 다른 사람에게 추천해주고 싶은지, 주재료가 무엇인지, 음식의 특징은 무엇인지 등에 대해 논리적으로 대답할 수 있어야 합니다.

시험 당일 당황해서 즉각적인 대답이 어려울 경우에는, "아직 먹어본 경험이 없지만 조만간 먹어볼 계획이다.", "대중매체를 통해 본 적이 있지만 자세히는 모른다.", "친구에게 그 음식에 대해 들어본 경험이 있다." 등으로 우회해서 답변하는 센스를 발휘합시다.

Tip

1. 베트남과 한국 대표 음식 2~3개 정리하기!

2. 먹어본 경험, 맛, 음식의 특징, 주재료 등에 대해 정리하기!

3. 외국인이 추천할 만한 한국 음식에 대해 생각해 보기!

4. 다른 사람에게 추천할 만한 음식과 그 이유에 대해 논리적으로 설명!

Q&A
List

 08-01

0. Yes or No	**Q0** 말해 Yes or No!
1. 대표적인 한국 음식	**Q1** Món nào là món tiêu biểu của Hàn Quốc? 한국을 대표하는 음식은 무엇인가요?
2. 한국 음식 추천	**Q2** Bạn muốn giới thiệu ẩm thực Hàn Quốc nào cho người nước ngoài? 한국 음식 중에서 어떤 것을 외국인에게 추천하고 싶나요?
3. 베트남 음식 경험	**Q3** Bạn có bao giờ ăn món Việt Nam chưa? 베트남 음식을 먹어본 경험이 있나요?
4. 베트남 음식 소개	**Q4** Bạn muốn giới thiệu món ăn Việt nào cho người thân? 어떤 베트남 음식을 지인에게 소개하고 싶은가요?
5. 한국과 베트남 음식 차이	**Q5** Sự khác biệt giữa văn hóa ẩm thực Việt Nam và Hàn Quốc là gì? 한국과 베트남의 음식 문화 차이점은 무엇인가요?

Q1 Bạn có thích ẩm thực Việt Nam không?
베트남 음식을 좋아하나요?

YES

Dạ có. Em thích hương vị đặc biệt của Việt Nam như nước mắm, rau thơm nên em thích ẩm thực Việt Nam lắm.

네. 늑맘소스와 고수풀 등 베트남 특유의 향을 좋아해서 저는 베트남 음식을 매우 좋아합니다.

NO

Không ạ. Em không ăn được món ăn có rau thơm cho nên không thích.

아닙니다. 고수풀이 들어간 음식을 먹지 못해서 좋아하지는 않습니다.

SOSO

Em chưa bao giờ ăn món Việt Nam trừ món phở ra. Em thích phở lắm và muốn ăn thử ẩm thực khác của Việt Nam.

아직까지 쌀국수를 제외하고 다른 베트남 음식을 먹어보지 못했습니다. 쌀국수는 정말 좋아하고, 기회가 된다면 다른 베트남 음식도 먹어보고 싶습니다.

어휘　hương vị 향, 향기　nước mắm 피쉬소스　rau thơm(=ngò) 고수풀　trừ ra ~을 제외하고

Q2 Ẩm thực Hàn Quốc có hợp khẩu vị với người nước ngoài không?
한국 음식은 외국인 입맛에 맞나요?

YES

Dạ. Ẩm thực Hàn Quốc rất đa dạng nên có thể nhiều món hợp khẩu vị với người nước ngoài.

네. 한국 음식은 굉장히 다양하기 때문에 외국인 입맛에 맞는 음식이 많을 거라고 생각합니다.

NO

Không ạ. Thông thường hương vị của ẩm thực Hàn Quốc có vị cay mặn và tính kích thích mạnh nên không hợp khẩu vị với người nước ngoài.

아니요. 일반적으로 한국 음식은 맵고 짠 자극적인 맛이기 때문에 저는 한국 음식이 외국인 입맛에 맞지 않을 거라고 생각합니다.

SOSO

Có món ăn hợp cũng có món ăn không hợp. Em nghĩ có hợp hay không là do khẩu vị của mỗi người.

입맛에 맞는 음식도 있고 맞지 않는 음식도 있습니다. 제 생각에 맞고 그렇지 않고는 개인 취향에 달려있다고 봅니다.

어휘　hợp khẩu vị 입맛에 맞다　tính kích thích 자극적인 성질　cây 매운(맛)　mặn 짠(맛)

Q1 Món nào là món tiêu biểu của Hàn Quốc?

한국을 대표하는 음식은 무엇인가요?

 08-03

샘의 Tips

음식, 요리는 Món(ăn)으로 표현합니다. 비슷한 뜻을 가진 단어로 **ẩm thực** 이 있습니다. 회화체에서는 대부분 Món 을 사용합니다.

&A

자신의 상황과 가장 비슷한 답변을 중심으로 집중 연습해 보세요!

상황 1

Theo em nghĩ **Kimchi là món truyền thống tiêu biểu của Hàn Quốc.** Bởi vì Kimchi là món được ăn nhiều nhất của người Hàn. Các gia đình Hàn làm kimchi mỗi mùa đông.

제 생각에, **김치가 한국을 대표하는 전통 음식입니다.** 그 이유는 한국에서 김치는 가장 많이 먹는 음식이기 때문입니다. 한국에서는 겨울에 항상 김치를 담급니다.

상황 2

Em thấy Bulgogi là món ăn tiêu biểu của Hàn Quốc vì mọi người thích ăn món bulgogi kể cả người nước ngoài. Bulgogi làm bằng thịt bò hỗn hợp với những gia vị đa dạng như nước tương, đường, v.v..

외국인을 비롯한 모든 사람이 좋아하기 때문에 저는 불고기가 한국을 대표하는 음식이라고 생각합니다. 불고기는 간장, 설탕 등과 같은 다양한 양념과 쇠고기를 혼합하여 만듭니다.

상황 3

Bibimbap là món tiêu biểu truyền thống của Hàn Quốc. Nó gọi bằng tiếng Việt là cơm trộn, **thành phần chính của món này là cơm, đặt ở trên là những rau xào, ốp la và tương ớt gochujang.** Bibimbap không những ngon mà còn có hình dáng đẹp nên tôi nghĩ món Bibimbap là món tiêu biểu Hàn Quốc.

비빔밥은 한국을 상징하는 대표 음식입니다. 베트남어로는 Com Tron이라 부르며 **주재료는 밥이고 그 위에 나물과 계란, 고추장을 올린 음식입니다.** 비빔밥은 맛이 좋을 뿐만 아니라 모양새도 아름답기 때문에 저는 비빔밥이 한국을 대표한다고 생각합니다.

표현 Tips

• ~은 한국을 대표하는 전통 음식입니다 **~ món truyền thống tiêu biểu của Hàn Quốc**

• 이 음식의 주재료는 ~이다 **Thành phần chính của món này là ~**

어휘 món truyền thống 전통 음식 tiêu biểu 대표하다, 상징하다 mùa đông 겨울 kể cả ~을 포함하여 hỗn hợp 혼합하다, 혼합 gia vị 양념 thành phần chính 주요 성분(주재료) rau xào 나물, 채소 ốp la 계란후라이 hình dáng 생김새, 모양새

Bạn muốn giới thiệu ẩm thực Hàn Quốc nào cho người nước ngoài?

한국 음식 중에서 어떤 것을 외국인에게 추천하고 싶나요?

🎧 08-04

샘의 Tips

Rủ와 Mời + 인칭대명사 는 ~를 권유하다, 초대하다는 표현으로 사용됩니다. 특히, Mời 의 경우 다양한 쓰임새를 가지고 있으며 회화체에서는 정중하게 권할 때 많이 사용됩니다.

예 식사 시작 시 Xin mời ➔ 맛있게 드십시오, 식사 하세요
(초대한 손님이) 어떤 공간에 들어올 때 Mời anh/chị ➔ 어서 오세요

&A

자신의 상황과 가장 비슷한 답변을 중심으로 집중 연습해 보세요!

상황 1 **Em muốn giới thiệu món canh Kimchi cho người nước ngoài.** Tại vì thanh phần chính của canh Kimchi là Kimchi, ẩm thực tiêu biểu của Hàn Quốc, hơn nữa canh Kimchi là một trong những món ăn được ăn nhiều nhất ở Hàn Quốc.

저는 외국인에게 김치찌개를 추천하고 싶습니다. 왜냐하면 김치찌개의 주재료는 한국을 대표하는 음식인 김치이고, 한국인들이 가장 즐겨먹는 음식 중 하나이기 때문입니다.

상황 2 Nếu em có bạn người nước ngoài thì **em sẽ rủ bạn ấy đi ăn Kimbap.** Kimbap coi như là món độc đáo vì nó được làm bằng cơm trắng cuộn rong biển. Theo em biết nhiều người Việt cũng thích món Kimbap.

만약 제가 외국인 친구가 있다면 **그 친구를 데리고 김밥을 먹으러 가고 싶습니다.** 김으로 흰밥을 싸서 만들어 지기 때문에 김밥은 독특한 음식이라고 볼 수 있습니다. 제가 알기로는, 많은 베트남 사람들 또한 김밥을 좋아하는 걸로 알고 있습니다.

상황 3 Japchae là món mới lạ so với món ăn khác nên em muốn giới thiệu cho người nước ngoài món Japchae. Nguyên liệu cơ bản để làm món ăn này là miến và các loại rau theo mùa và thịt bò.

다른 음식과 비교하여 매우 독특하기 때문에 잡채는 제가 외국인에게 추천하고 싶은 한국 음식입니다. 이 음식의 기본 재료는 당면이며 각종 채소와 소고기와 같이 만듭니다.

표현
Tips

- 저는 외국인에게 ~를 소개해주고 싶습니다
  Em muốn giới thiệu ~ cho người nước ngoài
- 친구를 데리고 ~를 먹으러 갈 것입니다   **Em sẽ rủ bạn ấy đi ăn ~**

어휘   rủ 권하다, 초대하다, 유혹하다 **độc đạo** 독특한, 독자적인 rong biển 미역, 김 **mới lạ** 새로운, 독특한 nguyên liệu 원료, 재료 **cơ bản** 기본, 기초, 토대 **miến** 면, 당면

Q3 Bạn có bao giờ ăn món Việt Nam chưa?

베트남 음식을 먹어본 경험이 있나요?

 08-05

샘의 Tips

음식점(식당)을 표현하는 베트남어로는 Nhà hàng, Quán ăn, Tiệm ăn 등이 있습니다. 보통 Nhà hàng 은 규모가 큰 식당을 지칭하며 Quán ăn, Tiệm ăn 은 일반적으로 보이는 중소규모 식당을 말합니다. *학생식당은 Căn tin 으로 표현합니다.

 &A

자신의 상황과 가장 비슷한 답변을 중심으로 집중 연습해 보세요!

상황 1

Thật ra là em thường đi ăn phở với bạn. Em nghĩ món phở là món tiêu biểu của Việt Nam. **Em thấy ẩm thực Việt ngày càng nhiều và phổ biến ở Hàn Quốc.**

사실 저는 친구들과 종종 쌀국수를 먹습니다. 쌀국수는 베트남을 대표하는 음식인 것 같습니다. **제가 느끼기엔 한국에서 베트남 음식은 갈수록 많아지고 대중적으로 자리잡고 있는 것 같습니다.**

상황 2

Khi đi du lịch Việt Nam năm ngoái em đã ăn gỏi cuốn và bánh xèo. Những món ăn Việt em đã ăn trong khi du lịch quá ngon và rẻ trừ ngò.

작년에 베트남으로 여행갔을 때, 저는 호치민에서 월남쌈과 반쎄오를 먹은 적이 있습니다. 고수를 제외하고는, 여행을 다니면서 먹었던 베트남 음식들은 대부분 정말 싸고 맛있었습니다.

상황 3

Khi em học đại học ở Hồ Chí Minh em thường xuyên ăn hủ tiếu ở căn tin. Em quay về Hàn Quốc hơn 3 năm rồi mà không thể quên được vị ngon của hủ tiếu.

호치민에서 대학을 다닐 때 학생식당에서 후띠우를 많이 먹었습니다. 지금 한국에 들어온 지 3년이 넘었지만, 아직도 그 맛이 잊혀지지 않습니다.

상황 4

Khi em đi chơi ở Hà Nội với bạn, em đã đi đến một quán bún chả mà tổng thống Mỹ Obama đã đến. Quán đó quá nổi tiếng nên **em phải chờ đợi hơn 30 phút rồi** mới ăn được bún chả nhưng không tiếc thời gian đợi vì bún chả rất là ngon.

친구와 하노이에 놀러갔을 때 버락오바마 미국 대통령이 방문했다던 분짜집을 가봤습니다. 워낙 유명해서 **30분 이상 기다린 후** 분짜를 먹을 수 있었지만, 기다린 시간이 아깝지 않을 정도로 정말 맛있었습니다.

표현 Tips
- ~은 한국에서 갈수록 대중적으로 자리잡고 있다 ~ **ngày càng phổ biến ở Hàn Quốc**
- ~이상 기다려야만 했다 **Em phải chờ đợi hơn ~**

어휘 phổ biến 보편적인, 대중적인 gỏi cuốn 월남쌈 hủ tiếu (남방식)쌀국수 căn tin 학생식당 quay về 돌아오다 quán 음식점 tổng thống 대통령 chờ đợi 기다리다 không tiếc 아깝지 않은

Q4 Bạn muốn giới thiệu món ăn Việt nào cho người thân?

어떤 베트남 음식을 지인에게 소개하고 싶은가요? 🎧 08-06

샘의 Tips Học sinh 은 중/고등학생을 지칭하며, 대학생은 Sinh viên 이라고 합니다. 직장인은 Người Lao động 으로 표현하며, 사무직은 Nhân viên văn phòng, 생산직은 Công nhân 이라고 합니다.

&A 자신의 상황과 가장 비슷한 답변을 중심으로 집중 연습해 보세요!

상황 1 Em muốn giới thiệu món bún bò huế cho bạn thân em. **Hầu hết người Hàn chỉ biết phở không biết món bún bò.** Em thấy bún bò cũng ngon như phở lại còn có vị cay hợp khẩu vị người Hàn.

저는 제 친구들에게 분보를 소개하고 싶습니다. **대부분의 한국 사람은 쌀국수만 알고 있는데** 분보도 쌀국수 못지 않게 맛이 있고, 한국 사람 입맛에 맞게 얼큰합니다.

상황 2 Em muốn giới thiệu Bánh mì, một trong những món được người Việt ăn nhiều nhất. Bánh mì là món ăn nhanh buổi sáng cho giới học sinh, sinh viên và người lao động vì có giá phù hợp.

베트남 사람들이 가장 많이 먹는 음식 중 하나인 반미를 소개시켜주고 싶습니다. 반미는 학생이나 직장인들이 아침에 저렴한 가격으로 간단히 아침을 해결할 수 있는 음식입니다.

상황 3 Khi em sống ở Việt Nam, hầu hết mỗi ngày em ăn cơm sườn. Cơm sườn là một món ăn bình dân tiêu biểu của Việt Nam vừa ngon và rẻ. **Em chưa bao giờ thấy bạn nào không thích cơm sườn khi em sống ở Việt Nam.** Vì thế em giới thiệu cơm sườn cho người thân.

베트남에 거주할 때, 저는 거의 매일 껌슨을 먹었습니다. 껌슨은 싸고 맛있는 베트남의 대표적인 서민 음식 중 하나입니다. **베트남에 살면서 껌슨을 싫어하는 친구는 본 적이 없습니다.** 그렇기 때문에 저는 껌슨을 친구에게 소개해주고 싶습니다.

표현 • 대부분의 한국 사람들은 ~ Hầu hết người Hàn ~
Tips • ~을 싫어하는 친구를 본 적 없다 Em chưa bao giờ thấy bạn nào không thích ~

어휘 bạn thân 친한 친구 hợp khẩu vị 입맛에 맞는 món ăn nhanh 패스트푸드 giá phù hợp 적절한(저렴한) 가격 hầu hết mỗi ngày 거의 매일 cơm sườn 돼지고기덮밥 bình dân 서민의

음식 차이

Q5 Sự khác biệt giữa văn hóa ẩm thực Việt Nam và Hàn Quốc là gì?

한국과 베트남의 음식 문화 차이점은 무엇인가요?

🎧 08-07

샘의 Tips

Trong khi đó 는 반면에, 한편이라는 뜻으로 앞의 문장에 반대되는 상황으로 문장이 연결될 때 사용합니다. 만약 đó 가 빠진 Trong khi 만 사용한다면 ~하는 동안에 라는 전혀 다른 뜻이 되므로 주의합시다.

&A

자신의 상황과 가장 비슷한 답변을 중심으로 집중 연습해 보세요!

상황 1

Ẩm thực 2 quốc gia còn giống nhau ở sự kết hợp các món ăn có tính hàn với các món ăn có tính nóng. Các món ăn kỵ nhau không thể kết hợp trong một món hay không được ăn cùng lúc vì không ngon, hoặc **có khả năng gây hại cho sức khỏe**.

찬 음식과 더운 음식을 구분해서 먹는다는 점에서 두 국가의 음식 문화는 비슷합니다. 맛이 없거나 **건강에 좋지 않은 영향을 끼칠 수도 있기 때문에** 상반되는 음식들은 한번에 같이 먹거나 하나의 음식으로 혼합하지 않습니다.

상황 2

Ở Việt Nam, nước mắm được sử dụng thường xuyên trong hầu hết các món ăn. Trong khi đó, ẩm thực Hàn Quốc lại chú trọng tới các loại tương, tương ớt, tương đậu nành v.v..

베트남은 대부분의 음식에 늑맘이 사용됩니다. 반면에 한국 음식은 주로 장류들, 고추장, 된장 등을 주로 사용합니다.

상황 3

Ý kiến cá nhân của em thì Việt Nam có văn hóa ăn ở ngoài nên đa số người Việt thích ăn bên ngoài với gia đình hoặc bạn bè. **Trong khi đó, người Hàn cũng thích ăn ngoài nhưng thích ăn ở nhà hơn**.

저의 견해로는, 베트남은 기본적으로 밖에서 먹는 문화가 있어서 대부분 베트남 사람들은 가족이나 친구들과 외식하는 것을 더 좋아합니다. 한편, 물론 한국 사람도 외식하는 것을 좋아하지만 집에서 먹는 것을 더 선호합니다.

표현
Tips

- ~는 건강에 악영향을 끼칠 수 있다 ~ **có khả năng gây hại cho sức khỏe**
- 제 개인적인 의견으로는 **Ý kiến cá nhân của em** ~
- 한국 사람들은 ~도 좋아하지만 ~을 더 좋아합니다
  Người Hàn cũng thích ~ nhưng thích hơn ~

어휘 sự kết hợp 연결, 결합 tính hàn 차가운 성질 tính nóng 뜨거운 성질 kỵ nhau 양립하지 못하다, 상반되다 cùng lúc 동시에 gây hại 해를 끼치다 chú trọng 중시하다 loại tương 장류 cá nhân 개인, 개인의 ăn ngoài 외식

EXERCISE

해답은 바로 앞페이지 Q1~Q5에 있습니다.

Q1 대표적인 한국 음식   제 생각에, 김치가 한국을 대표하는 전통 음식입니다. 그 이유는 한국에서 김치는 가장 많이 먹는 음식이기 때문입니다.

Theo em nghĩ Kimchi là ____ _____ ____ tiêu biểu của Hàn Quốc. Tại vì Kimchi là món ____ ___ nhiều nhất của người Hàn.

Q2 한국 음식 추천   만약 제가 외국인 친구가 있다면 그 친구를 데리고 김밥을 먹으러 가고 싶습니다.

Nếu em có bạn ____ ____ ____ thì em sẽ ___ ___ ___ đi ăn Kimbap.

Q3 베트남 음식 경험   쌀국수는 베트남을 대표하는 음식인 것 같습니다. 제가 느끼기엔 한국에서 베트남 음식은 갈수록 많아지고 대중적으로 자리잡고 있는 것 같습니다.

Em nghĩ món phở là món ____ ____ của Việt Nam. Em thấy ___ ____ Việt ngày càng nhiều và ___ ____ ở Hàn Quốc.

Q4 베트남 음식 소개   대부분의 한국 사람은 쌀국수만 알고 분보는 모릅니다.

___ ___ người Hàn ___ biết phở không biết món bún bò.

Q5 한국과 베트남 음식 차이   대부분 베트남 사람들은 가족이나 친구들과 외식하는 것을 더 좋아합니다. 한편, 물론 한국 사람도 외식하는 것을 좋아하지만 집에서 먹는 것을 더 선호합니다.

Đa số người Việt thích ___ ____ ___ với gia đình hoặc bạn bè. ____ ____ ___, người Hàn cũng thích ăn ngoài nhưng ____ ăn ở nhà ___.

바로 써먹는 문장

음식에 관한 다양한 표현을 응용할 수 있는 표현 Tip들입니다.

1 이 음식은 흰쌀밥을 기초재료로 한 베트남 특유의 음식입니다.
Món này là món tiêu biểu của Việt Nam, nguyên liệu cơ bản là cơm trắng.

2 이 음식은 국내에서 뿐만 아니라 해외에서도 매우 유명합니다.
Ẩm thực này rất nổi tiếng không chỉ ở trong nước mà còn nước ngoài nữa.

3 당신의 입맛에 맞게 매운 정도를 조절할 수 있습니다.
Có thể thay đổi độ cay theo khẩu vị của bạn.

4 한국 음식에 사용되는 주요 양념은 마늘, 고추 그리고 고추가루입니다.
Gia vị chủ yếu của ẩm thực Hàn Quốc là tỏi, bột ớt và nước tương.

5 이 음식은 닭고기와 몇 가지 야채로 만듭니다.
Món ăn này làm bằng thịt gà và mấy loại rau củ.

6 이 음식은 먹는 사람에게 감동을 줄 것입니다.
Món ăn này làm cho người ta ăn cảm động.

7 쌀국수는 베트남을 대표하는 음식 중에 하나라고 생각합니다.
Phở là một trong những món ăn tiêu biểu của Việt Nam.

8 음식은 맛도 중요하지만 모양새도 중요하다고 생각합니다.
Em nghĩ ẩm thực là không chỉ quan trọng ở vị ngon mà còn hình thức bên ngoài nữa.

9 이 음식은 지역마다 만드는 방법이 다릅니다.
Cách làm các món ăn khác nhau ở từng vùng miền.

10 현재, 많은 식당에서 이 음식을 팔고 있습니다.
Dạo này nhiều nhà hàng bán món ăn này.

문법 Tips 8

시간개념, 의문문 그리고 숫자가 표현되는 문장 구성에 대해서 알아보겠습니다.

1. (시간개념/의문문) 주어 + 서술어 (시간개념/의문문)

시간개념이나 의문문을 표현할 때는, 해당 단어가 문장 맨 앞 혹은 뒤에 위치하게 됩니다.

① (주어) 몇 시에 도착하세요?   Anh đến lúc **mấy giờ**? **Or Mấy giờ** anh đến?

② (주어) 왜 늦었어요?   **Tại sao** chị đến trễ(muộn)?

③ (주어) 안 더워요?   Chị không nóng **à**?

④ 오늘이 무슨 요일이죠?   Hôm nay là **ngày mấy**?

2. 수 + 명사

한국어와는 반대로 숫자를 표현하는 단어는 항상 명사 **앞**에 위치합니다. 또한, 한국과 마찬가지로 명사에 따라 수식하는 종별사가 다르므로 기본적인 것은 외워두도록 합시다.

Ly/Cúc (잔)	**Chén/bát**(공기)	**Dĩa/Đĩa**(그릇-밥류)
Tô(그릇-면류)	**Quyển/Cuốn**(권)	**Chiếc**(대, 벌)

- Cho em **hai(2) ly** cà phê sữa đá.   연유커피 **두 잔** 주세요.
- Them **3 bát** cơm.   밥 **세 그릇** 더 주세요.
- **Một đĩa** cơm chiên hải sản.   해산물 볶음밥 **한 그릇**.
- Tôi đã ăn **2 tô phở** chín.   저는 쌀국수를 **두 그릇** 먹었습니다.
- Em sẽ mua **1 quyển** sách OPI.   저는 OPI 책 **한 권**을 살 것입니다.
- Anh ấy có **2 chiếc** xe máy.   그는 오토바이 **두 대**를 가지고 있습니다.
- **Chiếc áo dài** này đẹp quá.   **이 아오자이**는 정말 예쁘네요.

Bai 9

Hãy nói về chuyến du lịch

관광에 대해 말하기

학습 목표	관광은 단골 메뉴 중 하나입니다. 한국과 베트남에 관련된 관광 경험, 유명 관광지 등에 대해 학습해 보겠습니다.
Q & A	1. 외국인이 베트남으로 여행가는 이유 2. 베트남 관광지 추천 3. 한국의 유명한 관광지 4. 외국인이 선호하는 한국 관광지 5. 저렴하게 여행하는 방법
문법 Tips	지시대명사와 비교급

단골 토픽이라 할 수 있는 관광에 대한 질문은 매우 다양할 수 있습니다. 가본 곳, 추천할만한 곳, 외국인이 많이 찾는 곳 등에 대해 베트남 뿐만 아니라 한국에 대해서도 정리해야 합니다. 다른 토픽과 마찬가지로 "왜 그러한지"에 대한 논리적인 대답이 가장 중요합니다. 질문에 두괄식으로 대답을 먼저 한 후에 그 이유에 대해 간략히 후반부에 대답하면 될 것입니다.

여행 경험이나 방문한 경험이 없는 수험생들은 질문에 대답하는 것을 매우 어려워합니다. 아직 경험하지 못한 것이 잘못된 것이 아니므로 "아직 가보지 못했지만 기회가 된다면 꼭 가보고 싶다"의 형식으로 대답하면 됩니다.

또한, 우리 모두가 여행을 좋아하고 여행을 자주 갑니다만, 그 여행지나 관광지에 대해서 설명할 수 있을 만큼 많은 지식이나 여유가 없었던 것이 사실입니다. 그렇다면, "대중매체나 인터넷에 따르면" 식으로 간접경험으로 얻은 정보에 기초하여 대답하면 됩니다.

Tip

1. 가본 곳, 갈만한 곳, 추천할만한 관광지 정리!

2. 외국인이 선호하는 곳!

3. 가본 곳 중 인상적이었던 곳과 이유!

4. 최근 시사성의 이슈를 중심으로 대답하는 것이 중요!

🎧 09-01

Q0 말해 Yes or No!

Q1 Tại sao nhiều du khách nước ngoài đi du lịch Việt Nam?
왜 많은 외국인 관광객이 베트남으로 여행을 갈까요?

Q2 Bạn muốn giới thiệu địa điểm du lịch nào ở Việt Nam?
베트남의 어떤 관광지를 친구에게 추천해 주고 싶은가요?

Q3 Địa điểm nổi tiếng tại Hàn Quốc là ở đâu?
한국의 유명한 관광지는 어디인가요?

Q4 Địa điểm du lịch Hàn Quốc nào được du khách nước ngoài ưa thích?
외국인 관광객이 선호하는 한국의 관광지는 어디인가요?

Q5 Cách tiết kiệm hiệu quả tiền khi đi du lịch là gì?
저렴하고 알차게 여행하는 방법은 무엇일까요?

Q1 Bạn có bao giờ đi du lịch Việt Nam chưa?
당신은 베트남으로 관광을 간 적이 있나요?

YES

Dạ có. Mùa hè năm ngoái em đã đi Việt Nam rồi. Lúc đó em đã đi thăm thành phố Hà Nội và Vịnh Hạ Long với cả gia đình.

네. 작년 여름에 저는 베트남으로 관광을 간 적이 있습니다. 당시에, 저는 저의 가족과 하노이 시내와 하롱베이로 놀러 갔습니다.

NO

Không ạ. Em chưa bao giờ sang Việt Nam. Hầu hết bạn thân của em đã đi du lịch Việt Nam và nói cho em biết đi du lịch Việt Nam rất vui.

저는 아직 베트남에 가본 적이 없습니다. 친한 친구들은 대부분 베트남을 다녀왔는데 모두들 정말 좋은 여행이였다고 했습니다.

SOSO

Thật ra là em đang lập kế hoạch đi Nha Trang vào cuối năm nay. Vì vậy, em thường tìm những thông tin về Nha Trang trên mạng.

사실 저는 올해 말쯤 냐짱으로 여행갈 계획을 짜고 있는 중입니다. 그것을 위해서, 저는 온라인 사이트를 통해 냐짱에 대한 정보를 종종 탐색하고 있습니다.

어휘   mùa hè 여름   sang 가다(=đi)   trên mạng 온라인으로, 인터넷으로

Q2 Bạn có thích đi du lịch không?
여행하는 것을 좋아하나요?

YES

Dạ em thích đi du lịch trong nước và nước ngoài nữa. Thông thường em đi du lịch nước ngoài hơn 1 lần trong 1 năm.

네. 저는 국내여행도 좋아하고 해외여행 또한 좋아합니다. 1년에 1번 이상은 해외여행을 다닙니다.

NO

Em không thích đi du lịch. Tại vì lập kế hoạch du lịch khó lại còn tốn nhiều chi phí.

아니요. 여행 계획을 세우는 것도 힘들고 비용 소모도 심하기 때문에 여행을 별로 좋아하지 않습니다.

SOSO

Đi du lịch với bạn bè rất vui nhưng không thể đi thường xuyên vì chi phí du lịch.

친구들과 함께 여행을 가는 것은 굉장히 즐겁지만, 여행 경비 때문에 자주 다니지는 못합니다.

어휘   trong nước 국내   chi phí du lịch 여행 경비

Q 1 Tại sao nhiều du khách nước ngoài đi du lịch Việt Nam?

왜 많은 외국인 관광객이 베트남으로 여행을 갈까요?

🎧 09-03

샘의 Tips

답변 시, Thứ nhất (첫 번째) Thứ hai (두 번째) 등을 사용한다면 논리적으로 보일 수 있습니다. 참고로, 첫 번째의 경우 Thứ một 이라고 하지 않고 Thứ nhất 이라고 표현하는 걸 알아둡시다.

&A

자신의 상황과 가장 비슷한 답변을 중심으로 집중 연습해 보세요!

상황 1

Theo em nghĩ lý do quan trọng nhất chọn du lịch Việt Nam là vẻ đẹp phong cảnh của nước Việt Nam. **Phong cảnh tự nhiên Việt Nam rất đẹp** so với các nước láng giềng.

제 생각에, 외국인 여행객이 베트남을 선택하는 가장 중요한 이유는 자연경관입니다. 주변국들과 비교하여 **베트남의 자연경관은 매우 아름답기** 때문입니다.

상황 2

Em nghĩ có 2 lý do chính. Thứ nhất là chi phí du lịch hợp lý. **Chi phí là yếu tố đứng đầu được xem xét cho người có kế hoạch đi du lịch.** Còn thứ hai là thời tiết. Thời tiết Việt Nam quá tốt để đi du lịch, khí hậu ấm áp ánh mặt trời có trong suốt năm.

제 생각에는 두 가지 주된 이유가 있다고 생각합니다. 첫째로는 비교적 저렴한 여행경비입니다. **여행을 계획하는 사람에게는 가장 먼저 고려하는 것이 경비입니다.** 둘째로는 날씨입니다. 1년 내내 따뜻하고 햇살이 비추는 날씨인 베트남은 여행하기 정말 좋은 나라라고 생각합니다.

상황 3

Theo những thông tin từ phương tiện đại chúng, **lý do quan trọng chọn đi du lịch Việt Nam là sự thân thiện của người Việt.** Người Việt Nam ấm áp, thân thiện và gần gũi.

대중매체의 정보에 따르면, **베트남으로 여행을 갈 결정을 하는 중요한 이유는 베트남 사람들의 친절함이라고 합니다.** 베트남 사람들은 살갑고, 친절하며 따뜻합니다.

표현 Tips

• ~의 자연경관은 매우 아름답습니다 **Phong cảnh tự nhiên ~ rất đẹp**
• ~은 가장 중요한 요소이다 **~ là yếu tố đứng đầu**
• 베트남으로 여행을 가는 가장 중요한 이유는 ~
  Lý do quan trọng chọn đi du lịch Việt Nam là ~

어휘 lý do 이유, 동기 vẻ đẹp 아름다움 láng giềng 이웃, 이웃의 lý do chính 주된 이유 chi phí 경비, 비용 đứng đầu 우선적인, 선두에 서다 thời tiết 기후, 날씨 khí hậu 기후 ấm áp 따뜻한, 편안한, 유순한 ánh mặt trời 햇빛 thân thiện 친절한, 우호적인 gần gũi 친근한, 친밀한

Bạn muốn giới thiệu địa điểm du lịch nào ở Việt Nam?

베트남의 어떤 관광지를 친구에게 추천해주고 싶은가요?

 09-04

 샘의 Tips

관광과 관련된 주요 단어들을 익혀둡시다!

địa điểm du lịch 관광지, di sản văn hóa 문화유산, bãi biển 바닷가, tắm biển 해수욕하다, núi 산, thiên nhiên 천연, 자연, phong cảnh 풍경, cảnh toàn cảnh 전경

 &A

자신의 상황과 가장 비슷한 답변을 중심으로 집중 연습해 보세요!

상황 1

Em muốn giới thiệu Vịnh Hạ Long một địa điểm du lịch tiêu biểu ở Việt Nam. Hạ Long được UNESCO công nhận là di sản văn hóa thế giới còn được đánh giá là một trong những Vịnh đẹp nhất trên thế giới nữa.

저는 베트남의 대표 관광지인 하롱베이를 추천해 주고 싶습니다. 유네스코 세계문화 유산으로도 지정된 하롱베이는 세계에서 가장 아름다운 만 중에 하나로 평가받고 있습니다.

상황 2

Em chưa bao giờ sang Việt Nam lại còn không biết địa điểm du lịch tại Việt Nam nên em không nói được gì cả. Tuy nhiên, em nghe nói một địa điểm tên là Đảo Phú Quốc, một địa điểm mà đối với người Hàn Quốc rất nổi tiếng để đi tuần trăng mật.

제가 베트남에 아직 가본 적이 없고 베트남 관광지에 대해 잘 모르기 때문에, 제 친구들에게 아직 아무 말도 할 수 없습니다. 그렇다 하더라도, 요즘 한국에서 신혼여행지로 매우 유명한 푸꿕섬을 들어본 적이 있습니다.

상황 3

Em muốn giới thiệu Mũi Né cho bạn. Trong khi em du học ở Việt Nam em đã đi chơi Mũi Né 2~3 lần với bạn, mỗi lần đi em đều cảm thấy vui vẻ. **Mũi Né là một nơi hết sức hấp dẫn** với dải bờ biển xanh hoang vu các đồi cát đỏ trải dài như sa mạc.

저는 무이네를 추천하고 싶습니다. 제가 베트남에서 유학생활을 할 때 친구들과 2~3번 정도 놀러갔었는데 항상 즐거웠습니다. 무이네는 아름다운 긴 해변가와 사막과 같은 붉은 모래언덕들이 넓게 펼쳐져 있는 **정말 매력적인 곳입니다.**

 표현
Tips

• ~은 베트남의 대표적인 관광지입니다 ~ **một địa điểm du lịch tiêu biểu ở Việt Nam**

• ~은 정말 매력적인 곳입니다 ~ **là một nơi hết sức hấp dẫn**

어휘 di sản văn hóa thế giới 세계문화유산 đánh giá 평가하다 hết sức 최고로 hấp dẫn 매력적인 dải 끈, 리본 hoang vu 황무지의, 사람이 없는 đồi 언덕 cát 모래 trải dài 넓게 펼쳐진 sa mạc 사막

Q3 Địa điểm nổi tiếng tại Hàn Quốc là ở đâu?

한국의 유명한 관광지는 어디인가요?

 09-05

샘의 Tips

관광/여행 파트에서 đẹp 이외에 ấn tượng(인상적인), hấp dẫn(매력적인), lãng mạn(낭만적인), nổi tiếng(유명한) 같은 형용사들을 사용하면 문장표현이 풍부해 질 수 있습니다.

&A 자신의 상황과 가장 비슷한 답변을 중심으로 집중 연습해 보세요!

상황 1

Đảo Jeju là hòn đảo trứ danh của du lịch Hàn Quốc, từng xuất hiện và được nhắc tới trong rất nhiều bộ phim truyền hình. **Jeju còn được gọi là Hawaii của Hàn Quốc.** Jeju chinh phục trái tim du khách nhờ phong cảnh mỹ lệ, các bãi biển và thác nước ấn tượng.

제주도는 한국의 유명한 관광지로써 드라마에서 정말 많이 볼 수 있습니다. **제주도는 한국의 하와이라고도 불립니다.** 제주도는 아름다운 자연 경관과 해변, 인상적인 폭포 등으로 관광객의 마음을 훔칠 것입니다.

상황 2

Seoul N Tower hay còn gọi là tháp Namsan, đây là một trong những nơi tuyệt nhất Seoul để ngắm toàn cảnh thành phố.

서울 N 타워, 남산타워라고도 불리는 이곳은 서울 시내를 한눈에 바라볼 수 있는 서울에서 가장 아름다운 곳입니다.

상황 3

Đảo Nami thu hút khách đến với du lịch Hàn Quốc bởi đây là địa điểm quay bộ phim truyền hình rất thành công 겨울연가. Đến đây, du khách sẽ được bước đi dưới con đường lãng mạn nằm giữa hai hàng cây.

남이섬은 한국에 가는 관광객들을 매료시킬 것입니다. 이곳은 대성공을 거둔 겨울연가가 촬영된 장소이기도 합니다. 여기에서 관광객들은 두 줄로 늘어진 낭만적인 나무 사이를 걸을 수 있습니다.

표현 Tips

· A는 B로 불리웁니다 ~   A được gọi là B
· ~은 한국에 가는 관광객들을 매료시킬 것입니다
   ~ thu hút khách đến với du lịch Hàn Quốc

어휘 trứ danh 유명한 nhắc 상기시키다 bộ phim truyền hình 드라마 chinh phục 정복하다 trái tim 마음, 심장 mỹ lệ 아름다운 thác nước 폭포 ấn tượng 인상적인 ngắm 주시하다, 바라보다 toàn 전부 thu hút 매료시키다 quay 돌리다, 촬영하다 bước đi 걸음 lãng mạn 낭만적인 hàng 줄, 물건

Q4 Địa điểm du lịch Hàn Quốc nào được du khách nước ngoài ưa thích?

외국인 관광객이 선호하는 한국의 관광지는 어디인가요?

🎧 09-06

샘의 Tips

~ một địa điểm đặc biệt chỉ có tại Hàn Quốc 은 한국에만 있는 특별한 장소를 뜻하며, chỉ có 대신에 duy nhất (유일한) 이라는 단어로 바꿔서 표현할 수도 있습니다.
Tại 와 Ở 는 ~에서 라는 뜻을 가진 조사로 같은 단어라고 생각하고 사용해도 무방합니다.

 &A 자신의 상황과 가장 비슷한 답변을 중심으로 집중 연습해 보세요!

상황 1 Em thấy Namdaemun và Dongdaemun là được ưa thích nhất. Cả hai đều là nơi tập trung mặt hàng phong phú, từ đồ lưu niệm, đồ quần áo trang sức, trung tâm mua sắm và ẩm thực đường phố.

저는 남대문과 동대문이 가장 사랑받는 관광지라고 생각합니다. 두 곳 모두 기념품, 옷, 쇼핑몰 그리고 길거리 음식 등 다양한 것들이 모여있는 곳입니다.

상황 2 Em nghĩ Myeongdong là một trong những địa điểm được ưa thích nhất vì khu Myeongdong là trung tâm mua sắm lớn nhất tại Seoul lại còn là **trung tâm thời trang và sản phẩm làm đẹp ở Hàn Quốc**.

명동이 서울의 가장 큰 쇼핑 지구이고 **패션과 미용 제품의 중심지로** 알려져 있기 때문에 저는 명동이 많은 외국인 관광객이 방문하기를 선호하는 관광지 중의 하나라고 생각합니다.

상황 3 **Khu vực DMZ là một địa điểm đặc biệt chỉ có tại Hàn Quốc.** Đây là khu vực biên giới DMZ phân chia Hàn Quốc và Triều Tiên. Tháng 4 năm 2018 đã có cuộc gặp thượng đỉnh giữa tổng thống Hàn Quốc và nhà lãnh đạo Triều Tiên.

DMZ는 한국만이 가지고 있는 특색있는 관광지라고 생각합니다. 이곳은 한국과 북한을 나누고 있는 구역입니다. 2018년 4월에는 이곳에서 한국 대통령과 북한 지도자의 남북정상회담이 이루어지기도 했습니다.

표현 Tips

• ~는 패션과 미용의 중심지입니다 ~ **trung tâm thời trang và sản phẩm làm đẹp**

• ~은 한국만이 가지고 있는 특색있는 장소이다
  ~ **là một địa điểm đặc biệt chỉ có tại Hàn Quốc**

어휘 mặt hàng 품목, 아이템 đồ lưu niệm 기념품 trang sức 꾸미다, 장식하다 đường phố 길거리 khu vực 구역 biên giới 국경 phân chia 나누다 cuộc gặp 미팅, 회담 thượng đỉnh 정상 nhà lãnh đạo 지도자

Q5 Cách tiết kiệm hiệu quả tiền khi đi du lịch là gì?

저렴하고 알차게 여행하는 방법은 무엇일까요? 🎧 09-07

샘의 Tips

성수기는 Thời điểm(mùa) cao điểm 으로 표현하며, 비수기는 Cao 의 반댓말인 Thấp 을 사용하여 Thời điểm(mùa) thấp điểm 이라고 합니다.

자신의 상황과 가장 비슷한 답변을 중심으로 집중 연습해 보세요!

상황 1

Cách hiệu quả nhất là lập kế hoạch cẩn thận cho chuyến đi. Nghe có vẻ không liên quan đến tiết kiệm chi phí. Khi có một kế hoạch cụ thể cho chuyến đi, những điểm đến, những dịch vụ cần sử dụng thì sẽ tiết kiệm được khá khá.

가장 효과적인 방법은 꼼꼼하게 여행계획을 세우는 것입니다. 듣는 것만으로는 경비를 절약할 수 없습니다. 구체적으로 어디를 갈지, 어떤 서비스를 이용할 것인지 등에 대한 계획을 세우면 상당한 경비를 절약할 수 있습니다.

상황 2

Em thấy mua vé máy bay giá rẻ là cách hiệu quả nhất. **Thời điểm hoàn hảo nhất để mua vé giá rẻ được tính toán là 3~4 tuần trước ngày định bay.** Hơn nữa, nếu không nhất thiết phải đi du lịch vào mùa lễ hội, hãy tránh bay vào thời điểm cao điểm.

제 생각에는 저렴한 비행기 티켓을 구매하는 것이 가장 효과적이라고 생각합니다. **비행기 티켓을 가장 저렴하게 구매할 수 있는 시기는 출발하기 3~4주 전 입니다.** 또한, 만약 명절이나 연휴에 굳이 여행을 갈 필요가 없다면 성수기를 피하는게 좋습니다.

상황 3

Chọn cho mình xe buýt, xe điện ngầm hay thậm chí đi bộ để di chuyển. **Em thấy phương tiện công cộng là cách tốt nhất để vừa tiết kiệm tiền khi di chuyển, vừa tìm hiểu văn hóa địa phương.**

버스나 지하철 아니면 걸어다니는 방법을 선택합니다. 제 생각에는 대중교통을 이용하는 것이 가장 좋은 방법이라고 생각합니다. **대중교통을 이용하면 경비를 절약할 수 있을 뿐더러 해당 지역의 문화도 이해할 수 있습니다.**

표현
Tips

• ~하기 위해 가장 좋은 시기는 Thời điểm hoàn hảo nhất để ~
• ~은 비용을 절약하기 위한 가장 좋은 방법이다 ~ là cách tốt nhất để tiết kiệm tiền

어휘 cách hiệu quả 효과적인 방법 cẩn thận 조심히, 주의깊게 chuyến đi 가는 편, 일정 có vẻ ~같다, ~처럼 보이다 tiết kiệm 절약하다 dịch vụ 서비스 khá khá 상당히 hoàn hảo 완전한, 완벽한 định 결정하다, 지정된 nhất thiết 반드시, 일절, 전혀 tránh 피하다, 벗어나다 di chuyển 이동하다 địa phương 지방, 로컬

123

Q1 외국인이 베트남으로 여행가는 이유　대중매체의 정보에 따르면 베트남으로 여행을 갈 결정을 하는 중요한 이유는 베트남 사람들의 친절함이라고 합니다.

Theo những thông tin từ _____ ____ ___ ____, lý do quan trọng chọn đi du lịch Việt Nam là ___ ____ ____ của người Việt.

Q2 베트남 관광지 추천　저는 베트남의 대표 관광지인 하롱베이를 추천해 주고 싶습니다.

Em muốn ____ _____ Vịnh Hạ Long một địa điểm du lịch ____ ____ Việt Nam.

Q3 한국의 유명한 관광지　제주도는 한국의 유명한 관광지로써 드라마에서 정말 많이 볼 수 있습니다.

Đảo Jeju là hòn đảo ____ ____ của du lịch Hàn Quốc, từng _____ _____ và được nhắc tới trong rất nhiều ___ ____ _____ ____.

Q4 외국인이 선호하는 한국관광지　명동은 서울의 가장 큰 쇼핑 지구이고 패션과 미용 제품의 중심지 입니다.

Myeongdong là trung tâm mua sắm ____ _____ tại Seoul còn lại trung tâm ____ ___và sản phẩm ___ ____ ở Hàn Quốc.

Q5 저렴하게 여행하는 방법　가장 효과적인 방법은 꼼꼼하게 여행계획을 세우는 것입니다.

____ ____ ____ nhất là ___ kế hoạch cẩn thận cho _____ ___.

바로 써먹는 문장 9

관광에 관한 다양한 표현을 응용할 수 있는 표현 Tip들입니다.

1 이곳은 유네스코 세계문화유산입니다.
Nơi đây là di sản văn hóa thế giới được UNESCO công nhận.

2 관광지의 가치를 유지하기 위해서 관광지를 잘 보존해야 합니다.
Chúng ta hãy bảo tồn cẩn thận những địa điểm du lịch để duy trì giá trị của nó.

3 계절에 따라 성수기와 비수기가 나뉩니다.
Thời điểm cao điểm và thấp điểm được phân chia theo mùa.

4 이것은 외국인이 이곳에서 여행하기 좋아하도록 만듭니다.
Cái này làm cho người nước ngoài ưa thích du lịch ở đây.

5 이 지역은 오랜 역사를 가진 전통마을입니다.
Khu này là làng truyền thống có lịch sử lâu dài.

6 각 지방마다 각자의 색채를 지니고 있습니다.
Các địa phương có màu đặc điểm riêng.

7 아마 한국에서의 관광 경비는 아세안 국가들과 비교하여 상당히 비쌀 것입니다.
Có lẽ chi phí du lịch Hàn Quốc khá đắt hơn so với các nước ASEAN.

8 저는 비용과 치안 측면에서 관광 목적지로 베트남을 선택했습니다.
Do chi phí du lịch rẻ và trị an ổn định nên em chọn đi du lịch Việt Nam.

9 이 관광지는 입장권을 구매해야 들어갈 수 있습니다.
Khu du lịch này phải mua vé thăm quan rồi mới có thể đi vào xem.

10 맛있는 음식은 여행을 즐겁게 만듭니다.
Những món ăn ngon làm cho du lịch vui vẻ.

 지시대명사와 비교급

가장 보편적으로 사용되는 지시대명사와 비교급 표현에 대해서 알아보도록 합시다.

1.지시대명사

đây, kia, đó 세 가지만 확실히 익혀두면 일반회화에서 문제없이 사용할 수 있습니다.

> **(1) đây** : 말하는 사람 가까이에 있는 것을 지칭할 때. (이것, 이 사람)

- Anh ấy là bạn của anh hả?
  그분은 당신 친구인가요?

  → Dạ không. **Đây** là anh trai của tôi.
  아니요, 제 친형입니다.

- Em có biết bút của anh ở đâu không?
  내 펜 어디있는지 봤어?

  → Ở **đây** ạ.
  여기 있어요.

> **(2) kia, đó** : 말하는 사람 멀리 있는 것을 지칭할 때. (저것, 저 사람)

- Cái **kia** là cái gì đấy?
  저게 뭐죠?

  → Người **kia** là bạn trai của em.
  저 사람은 제 남자친구입니다.

  → **Đó** là cái đồng hồ.
  저것은 시계입니다.

2.비교급 표현

여러가지 비교급 표현이 있지만, 가장 대표적인 단어인 hơn 을 확실히 익혀두도록 합시다.
A + 형용사 + hơn + B 형태로 사용되며, **B 보다 A가 더 ~하다** 라는 의미를 가집니다.

- Phòng này rộng **hơn** phòng kia.
  이 방은 저 방보다 더 넓습니다.
- Em cao **hơn** sunwoo.
  저는 선우보다 큽니다.
- Cô Ngân đẹp **hơn** cô Mai.
  Ngan선생님은 Mai선생님보다 예쁩니다.

Hãy nói về việc làm/ nghề nghiệp của bạn

일/직업에 대해 말하기

학습목표 하고 있는 일, 선호하는 일이나 직업 등 직업과 관련된 질문은 OPI 시험에서 자주 물어보는 토픽중의 하나입니다. 갖고 싶은 직업, 선호하는 직업, 미래의 직업, 직장에서 담당업무 등 자주 질문되는 토픽을 중심으로 알아보고 그와 관련된 심화 내용까지 함께 다루어 보겠습니다.

Q & A 1. 갖고 싶은 직업
2. 선호하는 직업
3. 미래의 직업
4. 담당 업무
5. 한국의 야근문화

문법 Tips 베트남의 숫자표현

일이나 직업에 대한 질문은 대답하기 쉽지 않은 질문 중의 하나입니다. 담당 업무, 선호 직업, 미래 직업, 최근 직업에 대한 트렌드와 성향 등에 대해 관심을 갖고 준비한다면 논리적인 대답이 가능할 것입니다.

대부분의 질문이 응시자와 관련된 것이고, 트렌드나 시사와 관련된 질문도 종종 물어보고 있기 때문에 인터넷이나 스마트폰을 이용하여 틈틈이 직업이나 일에 대한 최근 정보나 성향 등에 대해 미리 탐색하시기 바랍니다.

Tip

1. 담당하고 있는 업무나 하고 싶은 업무에 대해 논리적으로 준비!

2. 선호하는 직업 또는 일이 무엇인지 탐색하기!

3. 미래에는 어떤 직업이 생겨날 것인지 관심갖기!

4. 베트남에서 또는 베트남과 관련된 일을 한 경험이 있는지 준비!

Q&A *List*

 10-01

Q1 Bạn có thích làm công nhân viên chức không?
당신은 공무원 직업을 선호하나요?

YES Dạ, em thích làm công nhân viên chức vì em thích một cuộc sống ổn định.
네, 저는 안정적인 삶을 선호하기 때문에 공무원 직업이 좋다고 생각합니다.

NO Em không thích làm công nhân viên chức. Em thích một việc làm có thách thức nên em sẽ trở thành nhà kinh doanh lĩnh vực xuất nhập khẩu.
아닙니다. 제가 도전적인 일을 더 좋아하는 경향이기 때문에, 저는 수출입 분야의 사업가가 될 것입니다.

SOSO Nói thật là ưu điểm của công nhân viên chức là làm ăn ổn định nhưng lương khá thấp so với công ty lớn. Vì vậy em khó nói việc làm nào tốt hơn.
솔직히, 공무원의 장점은 안정적이라는 것이지만 소득은 회사원보다 더 적습니다. 그래서, 저는 어느 것이 더 좋은지 결정할 수 없습니다.

어휘 công nhân viên chức 공무원 ổn định 안정적인 thách thức 도전적인 nhà kinh doanh 사업가 ưu điểm 장점 lương 급여

Q2 Bạn có bao giờ làm việc ở Việt Nam chưa?
베트남에서 일해 본 경험이 있나요?

YES Dạ. Em tốt nghiệp đại học sư phạm tại TP.HCM và làm việc ở một công ty dệt may Hàn Quốc trong bộ phận nhân sự.
네. 저는 호치민 사범대를 졸업하고 빈증성에 있는 한국 봉제회사 인사부서에서 근무한 경험이 있습니다.

NO Không, em chưa bao giờ làm việc ở Việt Nam.
아니요. 저는 아직 베트남에서 근무한 경험이 없습니다.

SOSO Em nói tiếng Việt chưa rành nên em muốn làm việc ở Hàn Quốc trong một thời gian.
아직 베트남어로 유창하게 말할 수 없기 때문에, 저는 당분간 한국에서 일하고 싶습니다.

어휘 công ty dệt may 봉제회사 bộ phận nhân sự 인사부(HR) rành 능통하다, 유창하다, 명료한 trong một thời gian 당분간

Q1 Bạn muốn làm việc trong ngành nghề nào?

나중에 어떤 직업을 갖기를 희망하시나요?

 10-03

샘의 Tips

~이 되고 싶다는 Em muốn trở thành ~ 으로 표현하며, ~ 분야에서 일하고 싶다는 Em muốn làm ngành ~ 라고 표현합니다.

&A 자신의 상황과 가장 비슷한 답변을 중심으로 집중 연습해 보세요!

상황 1 Em muốn làm ngành công nghệ thông tin. Em nghĩ chuyên ngành IT ngày càng mở rộng phạm vi trong cuộc cách mạng công nghiệp 4.0.

저는 IT 분야에서 일하고 싶습니다. 4차 산업혁명을 대비하여 IT 분야는 더욱더 영역이 넓어질 거라고 생각합니다.

상황 2 Em thích đi du lịch và tiếp xúc với mọi nhiều người nên em muốn trở thành nhân viên công ty du lịch.

여행 그리고 다른 사람들과 어울리는 것을 좋아하기 때문에, 저는 여행사에서 일하고 싶습니다.

상황 3 **Chuyên môn của em là marketing cho nên em muốn làm ngành marketing.** Tất cả các công ty từ sản xuất đến dịch vụ đều cần đến một đội ngũ nhân viên Marketing để tiếp cận thị trường và khách hàng tiềm năng.

현재 제 대학 전공이 마케팅이기 때문에 마케팅분야에서 일하고 싶습니다. 제조업부터 서비스업 회사까지 모든 회사들은 시장 접근과 잠재 고객의 발굴을 위해 마케팅은 필수입니다.

상황 4 **Cha mẹ của em hy vọng em trở thành giáo sư** nhưng em thích ngành thể thao nên em muốn trở thành huấn luyện viên bóng đá.

제 부모님의 희망은 제가 대학교수가 되는 것입니다만 운동 분야를 더 좋아하기 때문데 저는 축구 감독이 되고 싶습니다.

표현 Tips
- 제 전공은 ~입니다 **Chuyên môn của em là ~**
- 제 부모님은 제가 ~가 되길 원합니다 **Cha mẹ của em hy vọng em trở thành ~**

어휘 ngành nghề 직업 công nghệ thông tin 정보기술(IT) mở rộng 확대하다, 넓히다 cách mạng công nghiệp 4.0 4차 산업혁명 tiếp xúc 접촉하다, 상대하다 chuyên môn 전공, 전문 đội ngũ (어떠한 단체에 속한)인원 tiếp cận 접근하다, 접촉하다 tiềm năng 잠재력 giáo sư 교수 thể thao 스포츠 huấn luyện viên 감독, 코치 bóng đá 축구

131

Q 2 Ngành nghề nào đang thu hút giới trẻ?

젊은 층들이 선호하는 직업은 무엇인가요?

 10-04

샘의 *Tips*

일반 회사원은 보통 **Nhân viên**, 공무원은 **Công chức** 혹은 **Công nhân viên chức**
이라고 표현하면 됩니다.

자신의 상황과 가장 비슷한 답변을 중심으로 집중 연습해 보세요!

상황 1

Nhiều sinh viên đại học muốn trở thành công nhân viên chức vì xin việc ở
doanh nghiệp lớn quá khó. Công nhân viên chức thì sau khi về hưu nhận
lương hưu **có thể sống một cuộc sống ổn định** nên ngày càng được ưa
chuộng hơn.

대기업에 입사하기 쉽지 않기 때문에 현재 대학생들은 공무원이 되는 것을 더 선호한다고
생각합니다. 퇴직 이후에도 연금을 받아 **안정적인 생활을 할 수 있기 때문에** 갈수록 공무원의 인기가
높아지는 것 같습니다.

상황 2

Đặc biệt, nghề Quản trị thể thao (điều hành câu lạc bộ bóng đá, sân golf,
quản lý vận động viên) đang là một nghề tiềm năng dù còn rất mới lạ ở Hàn
Quốc.

특별히 스포츠경영 분야(축구 클럽운영, 골프장 운영, 운동선수 관리 등)는 한국에서 잠재력이
매우 큰 이색적인 직업입니다.

상황 3

**Em thấy phần lớn giới trẻ mong ước trở thành kỹ sư công nghệ thông
tin.** Tuy nhiên, ngày nay có những ngành mới kết hợp giữa kinh doanh và
công nghệ thông tin (CNTT) như: kinh doanh CNTT, quản trị thông tin..
chứ không chỉ sản xuất phần mềm hay phần cứng.

요즘 많은 젊은층들은 **IT 기사가 되기를 선호하는 것 같습니다.** 요즘 IT분야는 단지 소프트웨어나
하드웨어를 생산하는 것 뿐만 아니라 IT 경영, IT 마케팅 등 많은 분야와 결합되어 있습니다.

표현

Tips

- 안정적인 생활을 할 수 있다 **Có thể sống một cuộc sống ổn định**
- 젊은 들은 ~가 되기를 선호하는 것 같습니다 **Em thấy nhiều bạn trẻ mong ước trở thành ~**

어휘 **công nhân viên chức** 공무원 **doanh nghiệp lớn** 대기업 **lương hưu** 연금 **ổn định** 안정된
quản trị 관리하다, 경영하다 **điều hành** 다루다, 운영하다 **vận động viên** 운동선수 **mới lạ** 신선한,
새로운 **mong ước** 바라다, 희망하다 **kỹ sư** 기사 **phần mềm** 소프트웨어 **phần cứng** 하드웨어

Theo bạn, nghề nghiệp nào mới xuất hiện trong tương lai?

미래에는 어떤 새로운 직업이 생겨날까요?

 10-05

샘의 *Tips*

Trong 은 대표적으로 **~안에(장소), ~내에, ~에(시간)**라는 의미를 가지고 있으며, 많이 사용되는 단어입니다.

예 Trong phòng 방 안에, Trong tương lai 미래에는, Trong hôm nay 오늘 내에, Trong đầu 머릿속

&A 자신의 상황과 가장 비슷한 답변을 중심으로 집중 연습해 보세요!

상황 1

Theo em, **hiện tượng gia tăng dân số già ngày càng nhanh** nên có thể xuất hiện nghề nghiệp mới như chuyên gia phân tích thông tin y tế do nhu cầu xã hội.

제 생각에, **노령인구 증가현상이 점점 빨라지고 있기 때문에** 사회적 요구에 따라 의료정보 분석가와 같은 새로운 직업이 생길 것입니다.

상황 2

Theo em thợ in 3D là một trong những nghề nghiệp mới trong tương lai. Họ không phải là thợ sửa máy in. Họ là những người chuyên in những thứ cần thiết.

저는 3D 프린터 기술자가 미래의 새로운 직업 중에 하나라고 생각합니다. 그들은 프린터를 고치는 사람이 아닙니다. 그들은 필요한 것들을 3D로 인쇄해 내는 전문 인력입니다.

상황 3

Như nhiều người đã biết, dân số thế giới gia tăng làm diện tích đất canh tác thu hẹp. Vì thế cần có loại hình nông nghiệp mới như smart farm. **Em nghĩ chuyên gia smart farm là nghề nghiệp mới trong tương lai.**

많은 사람들이 이미 알고 있듯이, 세계 인구는 증가하고 경작할 만한 땅은 줄어듭니다. 그래서 새로운 형태의 스마트 팜과 같은 농업이 필요합니다. **저는 스마트팜 운영 전문가가 미래의 새로운 직업이라고 생각합니다.**

표현 *Tips* · 노령인구 증가현상이 점점 빨라지고 있다 **Hiện tượng gia tăng dân số già ngày càng nhanh**
· ~은 미래의 새로운 직업입니다 **~ là nghề nghiệp mới trong tương lai**

어휘 gia tăng 증가하다 xuất hiện 생기다, 나타나다, 출현하다 chuyên gia 전문가 phân tích 분석하다 nhu cầu 필요, 수요 thợ 기술자 in 인쇄하다 sửa 고치다 diện tích 면적 canh tác 경작하다 thu hẹp 좁히다 loại hình 모형, 형태

Q4 Bạn đang phụ trách về cái gì trong công ty? 직장에서 담당하고 있는 업무는 무엇인가요?

 10-06

Phụ trách 은 ~을 담당하다 라는 표현이며, đang làm việc ở bộ phận ~ 는 현재 ~ 부서에서 일하고 있다라고 사용됩니다.

&A 자신의 상황과 가장 비슷한 답변을 중심으로 집중 연습해 보세요!

상황 1

Em đang làm ở công ty thương mại quốc tế. **Em phụ trách việc xuất khẩu hàng tiêu dùng đến các nước Châu Á.** Em phụ trách việc này gần 7 năm rồi.

저는 한 국제무역 회사에서 근무 중에 있습니다. **저는 아시아 각국으로 소비재를 수출하는 업무를 담당하고 있습니다.** 저는 이 업무를 약 7년간 담당했습니다.

상황 2

Em đang làm việc ở bộ phận chính lược đầu tư nước ngoài trong một công ty điện tử. Em phụ trách tìm ra cơ hội đầu tư kinh doanh mới và thỉnh thoảng xử lý đến việc mua bán và sáp nhập.

저는 한 전자회사의 해외투자전략 부서에서 근무 중에 있습니다. 회사에서 저의 업무는 신사업 투자 기회 발굴이라서 종종 인수합병 문제를 처리하고 있습니다.

상황 3

Em chưa đi làm, em là sinh viên đại học. Sau khi tốt nghiệp đại học rồi em muốn làm lĩnh vực tiếp thị quảng cáo mỹ phẩm vì chuyên môn của em là ngành marketing.

제가 아직 대학생이기 때문에 **일을 하고 있지 않습니다.** 제 전공이 마케팅이기 때문에 졸업 후에 저는 미용제품 마케팅 일을 담당하고 싶습니다.

상황 4

Em đang học công nghệ máy tính ở trung tâm đào tạo kỹ thuật viên tại Seoul. Em đã tốt nghiệp rồi nhưng em muốn tích lũy tri thức chuyên môn thêm nên đang học thêm ở đó.

저는 현재 서울에 있는 한 직업 훈련 센터에서 컴퓨터공학을 배우고 있습니다. 저는 이미 대학교 졸업을 했으나 전문지식을 쌓기 위해 그곳에서 계속 배우고 있습니다.

표현 · 저는 ~을 담당하고 있습니다 **Em phụ trách việc ~**
Tips · 저는 아직 일을 하고 있지 않습니다 **Em chưa đi làm**

어휘 hàng tiêu dùng 소비재 bộ phận 부서, 부분 chính lược 전략 điện tử 전자 xử lý 처리하다 mua bán và sáp nhập 인수합병(M&A) tìm ra ~을 찾다, 발굴하다 mỹ phẩm 미용제품 công nghệ máy tính 컴퓨터공학 tích lũy 쌓다, 축적하다 tri thức chuyên môn 전문지식

Ý kiến cá nhân của bạn về văn hóa làm ngoài giờ của Hàn Quốc là gì?

한국의 야근문화에 대한 당신의 견해는 무엇인가요?

 10-07

샘의 Tips

야근은 làm ngoài giờ 혹은 làm thêm 이라고 표현합니다.

&A

자신의 상황과 가장 비슷한 답변을 중심으로 집중 연습해 보세요!

상황 1

Văn hóa làm ngoài giờ đã trở thành một thói quen của những người lao động Hàn Quốc. Em nghĩ sự chăm chỉ, cần cù đã trở thành nét đặc trưng trong văn hoá làm việc của người Hàn Quốc.

야근문화는 한국의 근로자들에게 이미 습관이 되었습니다. 열심히 일하고, 근면성실한 것은 한국 사람의 업무 문화 특색이라고 생각합니다.

상황 2

Em nghĩ văn hóa này không tốt lắm. Khi cần thiết làm thêm thì làm nhưng có nhiều khi do văn hóa làm ngoài giờ không được về nhà sớm mặc dù công việc đã xong.

개인적으로는 별로 좋지 않다고 생각합니다. 정말 필요할 때는 야근을 해야겠지만, 사실 한국에서는 이러한 문화 때문에 일을 다 끝냈는데도 퇴근하지 못하는 경우가 종종 발생합니다.

상황 3

Em thấy văn hóa này có mặt tiêu cực nhiều hơn so với mặt tích cực. **Để giải quyết tình trạng này** chính phủ đã quyết định thực hiện một số thay đổi. Họ đã giảm số giờ làm việc mỗi tuần từ 68 xuống còn 52.

이 문화는 긍정적인 측면보다는 부정적인 측면이 크다고 생각합니다. **이러한 현상을 해결하고자** 한국 정부에서는 주 근무시간을 68시간에서 52시간으로 줄이기로 결정하였습니다.

상황 4

Văn hóa làm ngoài giờ vẫn còn là văn hóa làm việc Hàn Quốc, đặc biệt là ngành sản xuất. Trong khi đó, giới trẻ Hàn Quốc đang ưa chuộng vào công ty không có làm ngoài giờ. **Họ coi trọng việc vui hưởng cuộc sống của mình.**

현재까지 잔업문화는 한국의 업무문화에 여전히 남아 있는데 특히 제조업 분야에서 그렇습니다. 한편 지금의 젊은 세대는 잔업이 없는 회사를 선호하는 추세입니다. **그들은 그들의 삶을 즐기는 것을 중시합니다.**

표현
Tips

· 이러한 현상을 해결하기 위해서 **Để giải quyết tình trạng này**

· 자신의 삶을 즐기는 것을 중시하다 **Coi trọng vui hưởng cuộc sống của mình**

어휘　làm ngoài giờ 잔업, 야근 nét 인상, 용모, 형태 đặc trưng 특징, 특성 giải quyết 해결하다 quyết định 결정하다 thực hiện 실현하다, 실행하다 xuống 내려오다 ngành sản xuất 제조업 vui hưởng 즐기다

Q1 갖고 싶은 직업   저는 축구 감독이 되고 싶습니다.

Em muốn ___ ____ huấn luyện viên bóng đá

Q2 선호하는 직업   퇴직 이후에도 연금을 받아 안정적인 생활을 할 수 있기 때문에 갈수록 공무원의 인기가 높아지는 것 같습니다.

____ ____ ____ ____ thì sau khi về hưu nhận _____ ___ có thể sống một cuộc sống ___ ____ nên ngày càng được ưa chuộng hơn.

Q3 미래의 직업   제 생각에, 노령인구 증가현상이 점점 빨라지고 있기 때문에 사회적 요구에 따라 의료정보 분석가와 같은 새로운 직업이 생길 것입니다.

Theo em, ____ ____ ___ ____ dân số già ngày càng _____ nên có thể xuất hiện nghề nghiệp mới như chuyên gia phân tích thông tin y tế do___ ____ xã hội.

Q4 담당 업무   저는 아시아 각국으로 소비재를 수출하는 업무를 담당하고 있습니다.

Em ___ ____ việc xuất khẩu hàng tiêu dùng ____ các nước ____ __.

Q5 한국의 야근문화   야근문화는 한국의 근로자들에게 이미 습관이 되었습니다.

Văn hóa ___ ____ ___ đã trở thành một ___ ____ của những người lao động Hàn Quốc.

바로 써먹는 문장

일/직업에 관한 다양한 표현을 응용할 수 있는 표현 Tip들입니다.

1 이 직업은 많은 사람에게 꿈의 직업입니다.

Nghề nghiệp này là một nghề nghiệp ước mơ của nhiều người.

2 제가 하는 일은 제품에 대한 고객의 불만과 바램을 듣는 것입니다.

Việc làm của em là lắng nghe sự than phiền và mong muốn của khách hàng về sản phẩm.

3 최근 한국에서 취업난은 정말 심각합니다.

Dạo này xin việc tại Hàn Quốc quá khó.

4 돈을 모으기 위해서는 세심한 급여 관리가 필요합니다.

Cần phải quản lý chặt chẽ lương bổng để tiết kiệm tiền.

5 대기업과 중소기업의 급여 차이는 상당히 큽니다.

Sự chênh lệch về lương giữa công ty lớn với công ty vừa và nhỏ là khá lớn.

6 성공하기 위해서는 주변 사람들에게 좋은 평판을 쌓아야 합니다.

Bạn cần phải tích lũy sự đánh giá cao từ những người xung quanh để thành công trong việc.

7 한국에서 취업을 위해서는 토익, 컴활 등 다양한 자격증 취득이 요구됩니다.

Lấy những chứng chỉ như TOEIC, năng lực sử dụng máy tính là điều kiện cơ bản để xin việc ở Hàn Quốc.

8 개인사업을 하기 위해서는 철저한 준비와 노력, 그리고 용기가 필요합니다.

Để mở kinh doanh riêng bạn cần phải lập kế hoạch cẩn thận, có kiên trì và dũng khí nữa.

9 동료직원과 원만한 관계를 유지하는 것은 직장생활의 필수요소 중 하나입니다.

Thiết lập quan hệ thân thiết với đồng nghiệp là một trong những yếu tố cần thiết trong cuộc sống công sở.

10 모든 직업에는 귀천이 없다고 생각합니다.

Em nghĩ tất cả ngành nghề đều như nhau cả.

베트남의 숫자표현에 대해 알아보겠습니다. 기본적인 단위들과 함께 발음에 유의해야 할 몇몇 숫자들을 함께 알아보도록 하겠습니다.

1	**Một(Nhất)**	6	**Sáu**	100	**Một trăm**
2	**Hai(Nhì)**	7	**Bảy**	1,000	**Một Ngàn/Nghìn**
3	**Ba(Ba)**	8	**Tám**	10,000	**Mười Ngàn/Nghìn**
4	**Bốn(Tư)**	9	**Chín**	100,000	**Một trăm Ngàn/Nghìn**
5	**Năm**	10	**Mười**	1,000,000	**Một triệu**

보통 베트남은 화폐 단위가 크기 때문에 대화할 때 1,000단위를 생략하고 말하는 경우가 있습니다.
예 식사 후 계산할 때 종업원이 Hai trăm 이라고 하면 **200,000동**을 뜻합니다.

또한, 1,000을 K 라고 표시하기도 합니다. 예 30K = 30,000동
( )는 한자어로 一, 二, 三, 四 를 뜻합니다. 상장 수여 등 다양한 상황에서 사용됩니다.

1. 발음에 유의해야 하는 숫자

　① 숫자 5는 10자리가 넘어가면 **năm**(남)이 아닌 **lăm**(람)으로 **발음**된다.
　② 숫자 10은 20부터 **성조가 평성으로 바뀐다.**
　③ 숫자 1은 20이상부터 **성조가 dấu sắc** 으로 바뀌어서 **발음**된다.

0	**Không**	1	**Một**	5	**Năm**
10	**Mười**	11	**Mười một**	15	**Mười lăm**
20	**Hai mươi**	21	**Hai mươi mốt**	25	**Hai mươi lăm**
150	**Một trăm năm mươi / Một trăm rưỡi(rưởi)**				
2500	**Hai ngàn năm trăm / Hai ngàn rưỡi(rưởi)**				

rưỡi(rưởi)는 단위의 절반을 뜻합니다. 돈/시간 등에 사용됩니다.　예 10 giờ rưỡi(rưởi) 열 시 반

2. 숫자 별 "0" 발음하는 방법　십(10) 단위가 0일 때는 lẻ 를 사용한다.

예시	숫자	발음방법
방 번호	205	•Hai lẻ năm / hai không năm / hai linh năm
연도	2007	•Hai không không bảy / Hai ngàn không trăm lẻ bảy
전화번호	82482301	•Tám hai bốn tám hai ba không một
양	1,208kg	•Một ngàn hai trăm lẻ tám kí

Bài 11

Hãy nói về thời sự / chủ đề nóng

시사/토픽에 대해 말하기

학습목표	높은 등급 평가기준의 척도가 되는 시사/토픽에 대해 알아 보겠습니다. 기출문제를 중심으로 알아보고 그에 따른 심화내용까지 학습해 보겠습니다.
Q & A	1. 인터넷 사용 이슈 2. 성형수술 3. 기후변화 4. 도시와 농촌의 차이 5. 인구 고령화
문법 Tips	시간 & 날짜

최근시사나 토픽에 대한 질문은 수험생의 관심과 노력이 최선의 솔루션입니다. OPI 시험 응시 2~3주 전부터 한국과 베트남에 대한 기사를 틈틈히 체크하여 준비하세요. 시험 당일 아침까지 휴대폰 등을 활용하여 최근시사에 대해 공부하시기 바랍니다.

최소 2~3개의 최근시사나 상식을 준비해야 하며, 시사나 토픽에 대한 수험생의 의견을 묻는 질문을 주로 하기 때문에 논리적인 대답을 할 수 있어야 합니다. 사회적 이슈, 기후, 환경, 노령인구, 농촌문제, 도시문제, 건강 등 큰 틀에서 토픽을 관찰하면 됩니다.

사실 시사에 대한 질문은 OPI 시험 중 가장 어려운 파트 중 하나입니다. 면접관이 제시한 주제에 대해 이해를 하지 못하고, 답변하기 어렵다면 어느 정도 연관성이 있는 다른 주제를 먼저 제시하며 대화를 이끌어 나가는 것도 하나의 방법입니다.

Tip

1. 시험 2~3주 전부터 한국과 베트남의 최근시사나 사회적 이슈 등
   살펴보기!

2. 시험 당일 지하철 안에서까지 휴대폰으로 뉴스를 검색하여
   머리속에 정리하기!

3. 최근시사나 사회적 이슈에 대한 당신의 논리적 생각이 정답!

4. 모르는 시사에 대해 질문받더라도 당황하지 말고,
   알고 있는 내용으로 대화를 유도!

Q&A
List

 11-01

Q1 Bạn có biết vấn đề nghiện internet không?
인터넷 중독에 대해 알고 있나요?

YES Dạ em biết. Internet là một dụng cụ rất tiện lợi và chứa rất nhiều trí tuệ nhưng không phải luôn ảnh hưởng tốt đẹp cho con người.
네. 알고 있습니다. 인터넷은 매우 편하고 수많은 지식을 담고 있지만 항상 사람에게 좋은 영향을 끼치지는 않습니다.

NO Em không biết. Em không có quan tâm đến những đề tài xã hội nên em không biết vấn đề nghiện internet.
아니오. 제가 사회적 이슈들에 관심이 없기 때문에 인터넷 중독이 무엇인지 모릅니다.

SOSO Em không biết cụ thể nhưng em đã đọc một bài báo thời sự viết về vấn đề nghiện internet.
제가 인터넷 중독에 대한 기사를 읽은 적이 있습니다만 자세히는 모릅니다.

어휘 dụng cụ 도구, 용구 trí tuệ 지혜, 지식 thời sự 시사, 평론

Q2 Đối với bạn, smartphone là vật thiết yếu không?
당신에게 스마트폰은 꼭 필요한 물건인가요?

YES Dạ vâng, smartphone là vật thiết yếu đối với em trong công việc và việc cá nhân mình.
네. 업무적으로도 개인적으로도 스마트폰은 꼭 필요한 물건입니다.

NO Không phải. Em không sử dụng smartphone từ năm ngoái. Thật ra em đang chuẩn bị thi công nhân viên chức nên không muốn lãng phí thời gian một cách vô ích do dùng smartphone.
아니요. 사실 작년부터 저는 스마트폰을 사용하고 있지 않습니다. 공무원 시험을 준비하고 있기 때문에 스마트폰으로 인해 쓸데없이 시간낭비를 하지 않기 위해서입니다.

SOSO Smartphone là đồ vật rất có ích trong đời sống của mình nhưng cần phải tiết chế thời gian sử dụng.
스마트폰은 제 생활에 있어서 매우 유용한 물건이긴 하지만 사용하는데에 절제가 필요하다고 생각합니다.

어휘 vật thiết yếu 필수품 thi công nhân viên chức 공무원 시험 vô ích 무의미한, 쓸데없는 đồ vật 물건 có ích 유용한, 유익한 tiết chế 억제하다, 절제하다

142

Q1 Smartphone ảnh hưởng tới giới trẻ như thế nào? 스마트폰이 청소년에게 미치는 영향은 무엇인가요? 11-03

 샘의 Tips

긍정적인 영향은 mặt tích cực, **부정적인 영향**은 mặt tiêu cực 로 표현합니다.
gây ảnh hưởng ~ 은 ~에 영향을 끼치다, 주다 라는 표현으로 주로 부정적인 의미에서
많이 사용됩니다.

 &A

자신의 상황과 가장 비슷한 답변을 중심으로 집중 연습해 보세요!

상황 1
Theo em nghĩ, nghiện smartphone được coi như một bệnh lý hiện đại **gây ảnh hưởng tới sức khỏe con người**, làm sao nhãng việc học tập, làm việc.

제 생각에 스마트폰 중독은 하나의 현대적 질병이라고 볼 수 있습니다. 이것은 **건강에도 영향을 끼칠 뿐만** 아니라 업무나 학습에도 소홀하게 만듭니다.

상황 2
Nếu giới trẻ tiếp nhận quá nhiều thông tin qua smartphone thì có khả năng giới trẻ không thể phân biệt được cái nào đúng cái nào sai. Hơn nữa, nó còn gây ảnh hưởng đến sức khỏe như giảm thị lực.

청소년들이 스마트폰을 통해 너무 많은 정보를 접하면, 무엇이 옳고 틀린 정보인지 인지하지 못할 수 있다고 생각합니다. 또한, 시력감퇴 등 건강도 안 좋아질 수 있습니다.

상황 3
Smartphone **làm cuộc sống chúng ta tiện lợi hơn** nhưng em nghĩ đối với giới trẻ có mặt tiêu cực nhiều hơn như sao nhãng học tập, lãng phí thời gian.

스마트폰은 **우리의 삶을 편안하게 만들어 주었지만**, 제 생각에는 청소년들에게는 학업에 소홀하다거나 시간을 낭비하는 등 부정적인 측면이 더 많다고 생각합니다.

 표현
Tips

· 사람의 건강에 영향을 끼친다 **Gây ảnh hưởng tới sức khỏe con người**
· ~은 우리의 삶을 더 편안하게 만들어 주었다 ~ **làm cuộc sống chúng ta tiện lợi hơn**

어휘
nghiện 중독 bệnh lý 질병 sao nhãng 게을리하다, 무시하다, 망각하다 tiếp nhận 받아들이다 phân biệt 구별하다, 식별하다 sai 틀린 thị lực 시력 lãng phí 낭비하다, 소비하다

Q2 Bạn nghĩ như thế nào về phẫu thuật thẩm mỹ? 성형수술에 대해 어떻게 생각하나요?

 11-04

샘의 Tips

수술하다 라는 뜻으로 Phẫu thuật 혹은 (ca) mổ 를 사용합니다.
tình cảm 은 **감정, 정감**이라는 뜻을 가진 단어로 대인관계에서 많이 사용되는 단어입니다.

&A 자신의 상황과 가장 비슷한 답변을 중심으로 집중 연습해 보세요!

상황 1 Thực tế dạo này ở Hàn Quốc phẫu thuật thẩm mỹ là chuyện thường. Ai cũng muốn mình đẹp và có nhiều cơ hội tốt trong công việc và tình cảm. Em thấy phẫu thuật thẩm mỹ không phải là không tốt, miễn sao đừng lạm dụng quá là được.

사실, 요즘 한국에서는 성형수술이 평범한 일입니다. 누구나 아름답길 원하고, 대인관계나 업무적으로 좋은 기회를 원합니다. 너무 남용하지만 않는다면 성형수술은 나쁘지 않다고 생각합니다.

상황 2 Nếu ai có vấn đề ở thân thể như trên khuôn mặt thì phẫu thuật thẩm mỹ khiến cuộc sống của người đó trở nên tốt đẹp hơn.

만약 얼굴 부위와 같이 신체에 문제가 있는 사람이 있다면, 성형수술로 인해 행복하게 살 수 있을 것이라고 생각합니다.

상황 3 Theo một điều tra dư luận, trên 50% phụ nữ Hàn Quốc đã làm phẫu thuật thẩm mỹ. Chắc là người Hàn coi **phẫu thuật thẩm mỹ như là một việc thiết yếu** để làm cho mình đẹp.

한 여론조사에 따르면, 한국여성의 50% 이상이 이미 성형수술을 했다고 합니다. 한국 사람은 **성형수술을** 하는 것을 그들의 아름다움을 위한 **필수품으로** 여기는 것 같습니다.

상황 4 **Phẫu thuật thẩm mỹ đang là đề tài được nhiều người quan tâm.** Nhiều người làm phẫu thuật thẩm mỹ để làm cho mình đẹp nhưng em nghĩ khi phẫu thuật thẩm mỹ sẽ không còn là chính mình nữa.

성형수술은 요즘 많은 사람들이 관심을 갖는 주제입니다. 많은 사람이 아름다움을 위해 성형을 하지만 저는 성형수술을 하는 것은 본연의 자기 자신이 아닌 것이 된다고 생각합니다.

표현 · ~은 필수적인 일이다 ~ **là một việc thiết yếu**
Tips · ~은 많은 사람들이 관심을 가지는 주제이다 ~ **đang là đề tài được nhiều người quan tâm**

어휘 phẫu thuật thẩm mỹ 성형수술 tình cảm (대인관계) 감정, 정감 miễn sao 만약 ~할 경우에 lạm dụng 남용하다 thân thể 신체 tốt đẹp 좋은, 맑은 điều tra dư luận (여론)조사 thiết yếu 필수의, 절실한 đề tài 주제, 테마 chính mình (본연의) 자기 자신

기후변화

Q 3 Nguyên nhân và sự ảnh hưởng của biến đổi khí hậu thế giới? 기후변화의 원인과 영향은 무엇인가요?

🎧 11-05

샘의 Tips

기후에 관한 질의응답은 상당히 답하기 어렵습니다!
hiện tượng trái đất nóng lên(지구 온난화), hiệu ứng nhà kính(온실현상), toàn cầu(전세계), trái đất(지구) 등 주요 단어들을 꼭 숙지해서 대답하도록 합시다.

&A 자신의 상황과 가장 비슷한 답변을 중심으로 집중 연습해 보세요!

상황 1 Nguyên nhân chính của sự biến đổi khí hậu là do con người. Trong đó, vấn đề nghiêm trọng nhất là nhiệt độ trung bình toàn cầu tăng lên, tức là hiện tượng trái đất nóng lên.

기후 변화의 가장 큰 원인은 인류라고 생각합니다. 그 중 가장 심각한 문제는 지구의 평균 온도가 올라가는 것, 다시 말해 지구 온난화 현상입니다.

상황 2 Theo các nhà khoa học, chính con người với những hoạt động sản xuất công nghiệp và sinh hoạt hàng ngày **là một trong những nguyên nhân chính đang gây ra sự nóng lên toàn cầu và gây ra hiệu ứng nhà kính.**

각 전문가들에 따르면 인간의 일상 생활과 산업 생산 활동들이 **지구 온난화와 온실현상을** 야기시키는 주된 원인 중 하나라고 합니다.

상황 3 Những tác động xấu nghiêm trọng do ảnh hưởng của biến đổi khí hậu đến trái đất là rất lớn và cụ thể. **Chúng ta phải cố gắng quan tâm đến biến đổi khí hậu để giải quyết những tác động xấu.**

기후 변화로 인해 심각하고 좋지 않은 일들이 매우 구체적으로 나타나고 있습니다. **우리는 이러한 문제들이 더 심각해지지 않게 관심을 기울여야 한다고 생각합니다.**

표현 · A는 B를 일으키는(야기시키는) 주된 원인 중에 하나입니다
Tips **A là một trong những nguyên nhân chính đang gây ra B**
· 우리는 ~에 대해 관심을 기울여야 합니다 **Chúng ta phải cố gắng quan tâm đến ~**

어휘 nguyên nhân 원인 biến đổi 변화하다, 바꾸다 khí hậu 기후 nhiệt độ 온도 trung bình 평균 toàn cầu 전세계 hiện tượng trái đất nóng lên 지구 온난화 nhà khoa học 전문가, 과학자 hiệu ứng nhà kính 온실현상 tác động 영향을 끼치다, 작동하다, 작용하다

도시 농촌의 차이

Q4 Sự khác nhau giữa thành thị và nông thôn là gì? 도시와 농촌의 차이점은 무엇인가요?

 11-06

샘의 Tips

Thì 는 ~ 하면, ~에 대해서 라는 부사형태 혹은 그런데, 그러면 이라는 뜻을 가진 접속사로 많이 사용되는 단어입니다. (보통 Nếu ~ thì ~ 형태로 많이 사용됩니다) 또한, A는 ~이고 B는 ~이다 라는 표현으로 A와 B문장을 비교할 때도 사용됩니다.

예 Anh trai thì chăm còn em gái thì lười 형은 부지런한데 여동생은 게으르다

자신의 상황과 가장 비슷한 답변을 중심으로 집중 연습해 보세요!

상황 1
Thứ nhất, quan hệ hàng xóm thì hầu như người thành thị chẳng gặp nhau nên thông thường không biết nhau. Tuy nhiên, **người nông thôn gặp nhau là như gia đình**. Thứ hai, ở thành thị luôn kẹt xe hàng ngày còn đường sá nông thôn có ít phương tiện giao thông.

첫째로 이웃 관계를 보면 도시에서는 거의 만나지 않기 때문에 서로를 모르는게 보통입니다. 그러나 **농촌에서는 가족같이 자주 만납니다.** 둘째로 도시는 항상 교통체증이 심하지만 농촌은 길이 한가합니다.

상황 2
Về tính cách thì người nông thôn chân chất, sống thiên về tình cảm và đơn giản còn người thành thị rất cân nhắc, đắn đo và **dễ thích nghi ở một môi trường mới**.

성격적으로 농촌에 거주하는 사람들은 순박하고 정이 있으며 간소한 생활을 하는 반면, 도시 사람들은 주의깊고 세심하며 **새로운 환경에 적응을 잘 합니다.**

상황 3
Điểm khác nhau lớn nhất là dân số cư trú. Nhưng em nghĩ, do sự phát triển của kinh tế, trong xu thế hội nhập còn lại lãnh thổ Hàn Quốc không rộng nên nếp sống của người Hàn ở nông thôn và thành thị có sự tương đồng.

가장 큰 차이점은 거주하는 인구수라고 생각합니다. 사실, 경제 발전과 도시-농촌간 통합 추세, 그리고 한국의 영토 자체가 넓지 않기 때문에 한국에서는 도시와 농촌의 삶이 거의 비슷하다고 생각합니다.

표현
Tips
• ~은 가족과도 같습니다 ~ là như gia đình
• 새로운 환경에 적응을 잘 하다 Dễ thích nghi ở một môi trường mới
• 가장 큰 차이는 ~이다 Điểm khác nhau lớn nhất là ~

어휘 thành thị 도시 đường sá 길, 도로 chân chất 순진한, 소박한 thiên ~의 경향이 있다 đơn giản 간단한, 단순한 cân nhắc 우열을 비교하다, 세심한 đắn đo 심사숙고하다 cư trú 거주하다, 살다 xu thế 경향, 추세 hội nhập 통합하다 lãnh thổ 영토, 국토 nếp sống 삶, 생활양식 tương đồng 비슷한, 서로 닮은

Q 5 Bạn suy nghĩ như thế nào về vấn đề xu hướng già hóa? 인구 고령화 현상에 대해 어떻게 생각하세요?

🎧 11-07

샘의 Tips

A nói chung (và) B nói riêng 은 **일반적으로 A 그리고 특히 B 또한** 이라는 뜻을 가지며, A가 반드시 B보다 큰 단위여야 합니다. (B가 A의 범주안에 포함되어야 함)

📝 Em muốn nói về tình hình kinh tế của Việt Nam nói chung và Hà Nội nói riêng
저는 베트남의 경제 뿐만 아니라 구체적으로 하노이의 경제 현황에 대해 말하고 싶습니다

&A 자신의 상황과 가장 비슷한 답변을 중심으로 집중 연습해 보세요!

상황 1 Hiện nay, người cao tuổi trên thế giới nói chung và ở Hàn Quốc nói riêng đang có xu hướng tăng nhanh. Vấn đề này là mối quan tâm chung của nhiều quốc gia.

요즘, 한국 뿐만 아니라 전 세계적으로 고령화가 빠르게 진행되고 있습니다. 많은 국가에서 관심을 가지는 문제기도 합니다.

상황 2 Theo em nghĩ vấn đề già hóa cũng là một vấn đề nghiêm trọng nhưng hiện tượng tỷ suất sinh giảm là vấn đề nghiêm trọng hơn.

제 생각에는 고령화 현상도 심각한 문제 중에 하나지만, 저출산 현상이 더욱 심각한 문제라고 생각됩니다.

상황 3 **Già hoá dân số đang diễn ra mạnh mẽ**, kéo theo nhiều vấn đề kinh tế-xã hội cần phải giải quyết. Già hóa dân số không phải là một gánh nặng nhưng **nó sẽ làm cho gánh nặng kinh tế và xã hội trở nên trầm trọng hơn** nếu không có những bước chuẩn bị và thực hiện các chiến lược, chính sách thích ứng.

고령화는 현재 빠르게 진행되고 있으며, 해결이 필요한 많은 경제·사회적인 문제를 수반하고 있습니다. 현재 고령화가 큰 짐은 아니지만 향후 제대로 된 준비와 해결할 전략·정책들이 없다면 **사회·경제적으로 심각한 문제가 될 수도 있습니다.**

표현 · ~는 현재 매우 빠르게 진행되고 있다 ~ **đang diễn ra mạnh mẽ**
Tips · 그것은 사회·경제적으로 심각한 문제가 될 것입니다
Nó sẽ làm cho gánh nặng kinh tế và xã hội trở nên trầm trọng hơn

어휘 già hóa 고령화 tỷ suất 비율 sinh 태어나다, 낳다, 출산 diễn ra 진행되다, 열리다 mạnh mẽ 강력한 giải quyết 해결하다 gánh nặng 무거운 짐을 지다 trầm trọng 심각한, 엄중한 bước 한 걸음, (어떠한 일의) 단계 chiến lược 전략 thích ứng 적당한, 알맞은

147

EXERCISE

해답은 바로 앞페이지 Q1~Q5에 있습니다.

Q1 인터넷 사용 이슈

스마트폰 중독은 하나의 현대적 질병이라고 볼 수 있다고 생각합니다.

_____ smartphone được coi như một ____ ___ hiện đại.

Q2 성형수술

너무 남용하지만 않는다면 성형수술은 나쁘지 않다고 생각합니다.

Em thấy ____ ____ ____ ___ không phải là không tốt, _____ ____ đừng ____ ____ quá là được.

Q3 기후변화

그 중 가장 심각한 문제는 지구의 평균 온도가 올라가는 것, 다시 말해 지구 온난화 현상입니다.

Trong đó, vấn đề nghiêm trọng nhất là nhiệt độ trung bình ____ ___ tăng lên, tức là ____ ____ ____ ___ ____ ____.

Q4 도시와 농촌의 차이

가장 큰 차이점은 거주하는 인구수라고 생각합니다.

Điểm ____ nhau lớn nhất là dân số ___ ____.

Q5 인구 고령화

고령화는 현재 빠르게 진행되고 있으며, 해결이 필요한 많은 경제·사회적인 문제를 수반하고 있습니다.

____ ____ dân số đang ____ ___ mạnh mẽ, ___ ____ nhiều vấn đề kinh tế-xã hội cần phải ____ ____.

바로 써먹는 문장 **11**

시사/토픽에 관한 다양한 표현을 응용할 수 있는 표현 Tip들입니다.

1 한국 정부는 젊은 세대의 인터넷 중독을 해결하기 위해 많은 해결책과 정책들을 도출하고 있습니다.
Chính phủ Hàn Quốc đang đưa ra những giải pháp, chính sách để giải quyết vấn đề nghiện internet trong giới trẻ.

2 한국은 인터넷 속도가 매우 빠릅니다.
Tốc độ mạng internet ở Hàn Quốc rất nhanh.

3 요즘 젊은 세대에는 스마트폰 사용 중독인 사람이 많습니다.
Dạo này nhiều người trẻ tuổi bị nghiện smartphone.

4 외면의 아름다움보다 내면의 아름다움이 더 중요하다고 생각합니다.
Em thấy vẻ đẹp bên trong là quan trọng hơn vẻ đẹp bên ngoài.

5 우리는 지구의 자연환경을 보존하기 위해 노력해야 합니다.
Chúng ta cần phải cố gắng bảo vệ môi trường trái đất.

6 기후변화는 인류가 직면한 가장 큰 문제 중 하나입니다.
Biến đổi khí hậu là một trong những vấn đề lớn nhất mà chúng ta đang gặp.

7 저는 도시에서의 삶을 선호합니다.
Em thích sống ở thành phố.

8 한국사회에서는 특히 외견을 중시하는 경향이 있습니다.
Đặc biệt là trong xã hội Hàn Quốc có xu thế coi trọng vẻ đẹp bề ngoài.

9 의료기술의 발전으로 사람들의 평균 수명이 높아졌습니다.
Tuổi thọ bình quân được nâng lên do sự phát triển kỹ thuật y tế.

10 저출산과 고령화는 많은 선진국에서 관심을 가지는 토픽입니다.
Tỷ lệ sinh thấp và già hóa đang là đề tài được nhiều quốc gia đã phát triển quan tâm.

문법 Tips 11  시간 & 날짜

하루 內 시간을 일컫는 단어와 시간&날짜를 나타낼 때 사용하는 전치사를 익혀봅시다.

1. The time of day

베트남에서 현재 시간을 표현할 때는 다음과 같이 다섯가지로 나뉩니다.

> **Sáng** (아침 혹은 새벽) : 1시~10시
>
> **Trưa** (점심) : 11시~12시
>
> **Chiều** (오후) : 13시~18시
>
> **Tối** (저녁) : 19시~22시
>
> **Đêm, Khuya** (늦은 저녁, 자정) : 23시~24시

- Bạn em thường uống cà phê từ 9 giờ **sáng** đến 11 giờ.
  제 친구는 보통 오전 9시부터 11시까지 커피를 마십니다.

- Hôm qua em mới về nhà 10 giờ **tối**.   저는 어제저녁 10시에 겨우 퇴근했습니다.

- **Trưa** nay em có meeting với khách.   오늘 점심에 저는 고객하고 약속이 있습니다.

2. 시간/날짜 표현 전치사

~에 라는 표현은 vào, ~안에(기간 내에) 라는 표현은 trong 으로 사용합니다.

- **Vào** cuối tuần / **Vào** đầu tháng   주말에 / 월초에

- Em sẽ đi chơi với bạn **vào** cuối tuần   저는 주말에 친구들과 놀 것입니다.

- Em phải nộp hồ sơ **trong** hôm nay.   저는 오늘 안에 서류를 제출해야 합니다.

- **Trong** năm nay tôi sẽ đi du lịch nước ngoài.   저는 올해 안에 해외여행을 갈 예정입니다.

학습 목표	한국의 계절, 선호하는 계절, 여행하기 좋은 날씨 등과 함께 베트남의 계절에 대해서도 익혀봅시다. 기출 빈도가 높은 토픽과 특성들에 대해 알아보겠습니다.
Q & A	1. 선호하는 계절
	2. 관광객에게 좋은 계절
	3. 한국의 여름
	4. 한국과 베트남 기후 차이
	5. 한국의 겨울
문법 *Tips*	숫자와 장소를 물어볼 때

계절이나 날씨에 대한 토픽 중 종종 질문하는 부분은 선호하는 계절, 여행하기 좋은 계절, 특정 계절 소개하기 등입니다. 한국의 계절에 대해서 주로 질문하는 만큼 각 계절별 특징을 숙지해야 할 것입니다.

선호하는 계절이나 여행하기 좋은 계절 등에 대해 대답할 때에는 왜 그 계절이 좋은지에 대한 논리적 설명이 반드시 뒷받침되어야 합니다. 예를 들어, "어느 계절을 좋아합니까?"라는 질문은 "왜 그 계절이 좋습니까?"를 물어보는 질문이라고 해석할 수 있습니다.

각 계절별 특징을 핵심 중심으로 학습하신다면 무리없이 대답할 수 있을 것이라고 봅니다.

Tip

1. 각 계절의 핵심적인 특징 이해하기!

2. 선호하는 계절, 여행하기 좋은 계절과 그 이유 정리!

3. 단답형의 대답보다는 최소 두 문장 정도의 논리로 전개!

4. 외국인의 입장에서 한국의 계절에 대해 생각해 보기!

Q&A
List

🎧 12-01

Q1 Bạn có thích mùa đông không?
당신은 겨울을 좋아하나요?

YES
Dạ, em thích mùa đông vì vào mùa đông mới chơi được thể thao mùa đông như trượt tuyết, trượt băng.
네, 겨울이 되어야만 스키나 눈썰매 등 겨울 스포츠를 할 수 있기 때문에 전 겨울을 좋아합니다.

NO
Dạ không ạ. Em thích mùa hè hơn mùa đông vì em không chịu được cái lạnh.
아닙니다. 제가 추위를 견디지 못해서 저는 겨울보다 여름을 더 좋아합니다.

SOSO
Em thích cả mùa đông và mùa hè vì 2 mùa này có sự đặc sắc và vẻ đẹp riêng.
저는 겨울과 여름을 모두 좋아하는데, 두 계절은 각각의 특징과 아름다운 풍경을 가지고 있기 때문입니다.

어휘 　trượt tuyết 스키 trượt băng 눈썰매, 스케이트 cả A và B A와 B 모두 sự đặc sắc 특징, 특색

Q2 Bạn có thích thời tiết Việt Nam không?
당신은 베트남 날씨를 좋아하나요?

YES
Dạ có. Em thích thời tiết Việt Nam bởi vì ánh sáng mặt trời chiếu trong suốt năm nên dễ hoạt động ngoài trời. Hơn nữa em không chịu được cái lạnh.
네. 저는 베트남 날씨를 좋아합니다. 왜냐하면 일 년 내내 햇빛이 비추기 때문에 야외활동을 하기 좋기 때문입니다. 또한 저는 추위를 못 견딥니다.

NO
Em không thích. Em không chịu được cái nóng.
아니요. 저는 더위를 참지 못해서 베트남 날씨를 싫어합니다.

SOSO
Em thích mùa khô nhưng không thích mùa mưa. Đặc biệt đi lại bằng xe máy trong mùa mưa rất bất tiện.
저는 건기는 좋아하지만 우기는 좋아하지 않습니다. 특히, 우기에 오토바이를 타고 이동하는 것이 너무 불편합니다.

어휘 　ánh sáng mặt trời 햇빛 trong suốt năm 일 년 내내 mùa khô 건기 mùa mưa 우기

Q1 Bạn ưa thích mùa nào? Tại sao thích?

당신이 선호하는 계절과 이유는 무엇인가요?

 12-03

샘의 Tips

4계절과 베트남의 날씨(건기/우기)는 꼭 기억합시다.

(Mùa) Xuân, hè(=hạ), Thu, Đông : 봄, 여름, 가을, 겨울 *춘하추동과 유사한 발음
Mùa khô, Mùa mưa : 건기, 우기

&A

자신의 상황과 가장 비슷한 답변을 중심으로 집중 연습해 보세요!

상황 1
Em thích mùa xuân nhất. **Có lẽ mùa xuân là mùa được ưa thích nhiều nhất** bởi thời tiết ôn hòa còn có thể nhìn thấy nhiều loài hoa mùa xuân nở nhất.

저는 봄을 가장 좋아합니다. 온화한 기후와 만개한 꽃을 볼 수 있는 **봄은 아마 가장 많은 사람이 좋아하는 계절일 거라** 생각합니다.

상황 2
Em rất thích đi tắm biển nên em thích mùa hè hơn mùa khác. Hầu hết người Hàn thường nghỉ ngơi và tận hưởng kỳ nghỉ của mình vào khoảng giữa tháng Bảy hoặc tháng Tám.

저는 해수욕을 매우 좋아하기 때문에, 저는 다른 계절보다 여름을 더 선호합니다. 대부분의 한국 사람들은 7월 중순부터 8월까지 하계휴가를 즐기며 휴식을 취합니다.

상황 3
Em thích mùa thu nhất bởi vì bầu trời luôn xanh trong, thời tiết mát mẻ và không khí dễ chịu. Vào mùa thu, những ngọn núi ngập tràn người Hàn đến để ngắm nhìn những tán lá phong đầy màu sắc.

저는 가을을 가장 좋아합니다. 왜냐하면 하늘이 푸르르며 시원하고 기분 좋은 공기를 가진 계절 이기 때문입니다. 가을이 되면 많은 산들은 아름다운 단풍을 구경하기 위한 사람들로 가득합니다.

상황 4
Mùa mà em thích nhất là mùa đông. Mùa đông có thể chơi thể thao mùa đông như trượt tuyết và đặc biệt là em thích xem tuyết rơi. Ngoài ra, vào mùa đông có ngày nghỉ như Giáng Sinh.

저는 **겨울을 가장 좋아합니다.** 겨울에는 스키와 같은 겨울 스포츠를 즐길 수 있고, 무엇보다 눈이 내리는 걸 보는 것을 좋아합니다. 게다가 겨울에는 크리스마스와 같은 휴일이 있어 좋습니다.

표현 Tips

아마 ~ 은 가장 사랑받는 계절일 것입니다 **Có lẽ ~ là mùa được ưa thích nhiều nhất**
제가 가장 좋아하는 계절은 ~ 입니다 **Mùa mà em thích nhất là ~**

어휘 ôn hòa 온화한 nở (꽃이) 피다 tắm biển 해수욕하다 tận hưởng 즐기다, 마음껏 누리다, 향유하다 kỳ nghỉ 방학, 휴가 xanh trong 맑고 깨끗한 mát mẻ 시원한 ngọn núi 산 ngập tràn 넘치다, 가득하다 tán lá phong 단풍이 들다 màu sắc 색깔, 색채 Giáng Sinh 크리스마스

좋은 계절

Q2 Đối với du khách nước ngoài đi du lịch Hàn Quốc mùa nào đẹp nhất?

🎧 12-04

외국인 관광객이 한국을 관광하기에는 어느 계절이 가장 아름다운가요?

샘의 Tips

vô cùng 은 부사로 **매우, 몹시, 극히**라는 뜻과 형용사로써 **무한한** 이라는 뜻을 가지고 있습니다. 부사로 쓰일 때, 형용사의 앞 혹은 뒤에 위치합니다. 비슷한 단어로는 **rất** 이 있습니다.

&A

자신의 상황과 가장 비슷한 답변을 중심으로 집중 연습해 보세요!

상황 1

Em nghĩ mùa xuân là đẹp nhất vì mùa xuân ở Hàn Quốc là thời gian ấm áp, nắng dịu nhẹ và thời tiết cực dễ chịu. Đặc biệt, cảnh sắc Hàn Quốc vào mùa xuân vô cùng đẹp và cũng là mùa của những lễ hội hoa.

제 생각에는 봄이 가장 아름답다고 생각합니다. 왜냐하면 한국의 봄은 온화하고, 햇살이 따사로우며 매우 아늑한 날씨를 가지고 있습니다. 특히, 한국의 봄 경치는 정말 아름다우며 꽃 축제의 계절이기도 합니다.

상황 2

Mùa hè ở Hàn Quốc khá nóng và có mưa nhiều nhưng các bãi biển mùa hè ở Hàn Quốc lại rất đẹp, đặc biệt là có rất nhiều lễ hội đặc sắc được tổ chức vào mùa hè. Nếu cô sang Hàn Quốc vào mùa hè thì em muốn giới thiệu bãi biển Haeundae và Gyeogpodae.

한국의 여름은 상당히 덥고 비도 많이 옵니다. 그러나 한국의 해변가는 정말 아름다우며, 특히 여름에는 많은 특색있는 행사들이 개최됩니다. 만약 선생님께서 여름에 한국에 놀러오신다면 저는 해운대나 경포대 해수욕장을 추천해드리고 싶습니다.

상황 3

Em có thể nói, **mùa thu là thời điểm lý tưởng nhất để du lịch Hàn Quốc.** Mùa này thời tiết rất dễ chịu, mát mẻ, cảnh sắc thì lại lãng mạn vô cùng.

한국을 여행하기 가장 이상적인 시기는 가을이라고 자신있게 말할 수 있습니다. 기분 좋고 시원한 날씨와 함께 매우 아름답고 낭만적인 계절이기 때문입니다.

상황 4

Mùa đông ở Hàn Quốc rất lạnh và tuyết rơi rất nhiều, thậm chí cây cối, sông suối và biển đóng băng, nhưng nếu du khách là người ưa thích những hoạt động thể thao mùa đông thì Hàn Quốc là một địa điểm du lịch gợi ý tuyệt vời.

한국의 겨울은 식물과 바다, 강들이 다 얼 정도로 매우 춥고 눈도 많이 옵니다. 하지만 겨울 스포츠를 좋아하는 관광객이라면 한국은 정말 가볼 만한 여행지입니다.

표현 • ~은 한국을 여행하기 가장 이상적인 시기이다
Tips ~ là thời điểm lý tưởng nhất để du lịch Hàn Quốc

어휘 **nắng dịu nhẹ** 햇빛이 따사롭게 비추다 **cực** 극도로, 매우 **cảnh sắc** 경치, 풍경 **vô cùng** 극히, 매우, 몹시 **lý tưởng** 이상적인 **cây cối** 식물, 나무 **sông suối** 강 **gợi ý** 뜻을 불러 일으키다, 제안하다

Q3 Mùa hè ở Hàn Quốc như thế nào?

한국의 여름은 어떠한가요?

 12-05

 샘의 *Tips*

Những / Các : 복수 표현 (~들). 둘 다 복수를 표현하는 단어이지만, 차이점은 **셀 수 있느 냐, 없느냐**의 차이입니다. 대체로 **Các** 은 숫자가 커도 **셀 수 있을 때 사용**하고, Những 은 **셀 수 없거나 가늠하기 어려울 때 사용**합니다.

 &A

자신의 상황과 가장 비슷한 답변을 중심으로 집중 연습해 보세요!

상황 1

Mùa hè ở Hàn Quốc khá nóng và có mưa nhiều, nhất là vào cuối tháng 7. Vào mùa này, cả nhiệt độ và độ ẩm đều tăng rất cao, **có khi nắng nóng đến khoảng 40 độ C.** Mùa hè Hàn Quốc là từ tháng 6 đến tháng 8.

한국의 여름은 덥고, 비가 많이 옵니다. 7월 말이면 절정에 접어듭니다. 여름에는 온도와 습도가 매우 높으며, **40도 가까이 온도가 올라가기도 합니다.** 한국의 여름은 6월부터 8월까지 입니다.

상황 2

Mùa hè Hàn Quốc quá nóng, nhiệt độ trung bình tới 30 độ C. **Em không thể chịu được thời tiết nóng** nên vào mùa này máy lạnh và quạt máy là đồ vật thiết yếu đối với em.

한국의 여름은 평균 온도가 30도에 달할 정도로 매우 덥습니다. **저는 더위를 참지 못하기** 때문에 여름철에는 에어컨과 선풍기는 저의 필수품입니다.

상황 3

Thông thường vào mùa hè rất nóng và độ ẩm cao nữa nên nhiều người Hàn đi tắm biển để tránh cái nóng. Bờ biển đông được nhiều người Hàn Quốc yêu mến nhất do nơi đây có những bãi cát rộng và nước sạch trong.

한국의 여름은 매우 습하고 덥기 때문에 많은 한국 사람들이 더위를 피하기 위해 해수욕을 하러 갑니다. 넓은 모래사장과 깨끗한 물이 있는 해수욕장은 많은 한국 사람들의 사랑을 받습니다.

표현 · 어떨 때는 ~도 까지 온도가 올라가기도 합니다 **Có khi nắng nóng đến khoảng ~**
Tips · 저는 ~을 참지(견디지) 못합니다 **Em không thể chịu được ~**

어휘 nhiệt độ 온도 độ ẩm 습도 chịu 참다, 견디다 máy lạnh 에어컨 quạt máy 선풍기 tránh 피하다 cái nóng 더위 bờ biển 해변, 해수욕장 yêu mến 사랑하다, 좋아하다 bãi cát 모래사장 sạch trong 맑고 깨끗한

기후 차이

Q4 Sự khác nhau giữa khí hậu Việt Nam và Hàn Quốc là gì?

한국과 베트남의 기후에는 무슨 차이가 있나요? 🎧 12-06

샘의 Tips 온도를 말할 때 영상은 보통 온도(숫자) + **độ C** 라고 하며, 영하는 숫자 앞에 **âm** 을 붙여서 표현합니다.

📌 28도 ➡ 28 **độ C**, 영하 5도 ➡ **âm** 5 **độ C** *상온은 **nhiệt độ bình thường** 으로 표현합니다.

&A 자신의 상황과 가장 비슷한 답변을 중심으로 집중 연습해 보세요!

상황 1 Theo em biết, ở Việt Nam có 2 mùa, mùa mưa và mùa khô. Trong khi đó, ở Hàn Quốc có 4 mùa, mùa xuân, mùa hè, mùa thu và mùa đông.

제가 알기로는, 베트남은 건기와 우기의 두 종류의 계절을 갖고 있습니다. 한편, 한국의 기후는 4계절, 즉 봄, 여름, 가을, 겨울로 구분됩니다.

상황 2 Miền Bắc Việt Nam gồm 4 mùa nhưng phân biệt không rõ từng mùa. Nhưng đối với miền Nam có 2 loại khí hậu là mùa mưa và mùa khô. Em thấy mùa hè Hàn Quốc, tức là từ tháng 7 đến tháng 8 thì trời nóng hơn Việt Nam.

베트남 북부의 경우, 한국과 비슷하게 4계절이 존재하지만, 구분이 뚜렷하지는 않습니다. 그러나 남부의 경우 건기와 우기 두 종류의 기후로 나뉩니다. 제가 느끼기로는, 한국의 여름 7~8월은 베트남보다 더 덥습니다.

상황 3 **Em chưa bao giờ đi sang Việt Nam nên không biết rõ sự khác nhau giữa Hàn Quốc và Việt Nam.** Nhưng em nghe nói là khí hậu Việt Nam là khí hậu nhiệt đới gió mùa, trong khi đó Hàn Quốc là khí hậu cận nhiệt đới ẩm.

베트남에 가본 적이 없어서 저는 두 나라 간의 계절 차이점을 잘 모릅니다. 그러나 제가 듣기론, 베트남 기후는 열대 몬순인 반면에 한국은 온대 대륙성 기후입니다.

상황 4 **Sự khác nhau giữa khí hậu Việt Nam và Hàn Quốc là có mùa đông hay không.**

두 나라 간의 기후 차이는 겨울의 유무라고 생각합니다.

표현 Tips
· 저는 베트남에 가본 적이 없어서 잘 모릅니다
Em chưa bao giờ đi sang Việt Nam nên không biết rõ
· A와 B의 차이점은 ~이다 **Sự khác nhau giữa A và B là ~**

어휘 **mùa mưa** 우기 **mùa khô** 건기 **gồm** 포함하다, 구성하다 **khí hậu nhiệt đới gió mùa** 열대 몬순 기후 **khí hậu cận nhiệt đới ẩm** 온대 대륙성 기후, 온난 습윤 기후

Q5 Mùa đông ở Hàn Quốc như thế nào?

한국의 겨울은 어떠한가요?

 12-07

샘의 Tips

Như 는 회화체에서 매우 많이 쓰이는 단어입니다. 동사로는 **닮다, 비슷하다** / 부사로는 **~처럼, ~같은** 이라는 뜻을 가지고 있으며 비유나 묘사를 할 때 유용하게 사용됩니다.

예 như hoa 꽃 같다, thông minh như từ điển bách khoa 백과사전 같이 똑똑하다

&A

자신의 상황과 가장 비슷한 답변을 중심으로 집중 연습해 보세요!

상황 1

Mùa đông Hàn Quốc bắt đầu từ tháng 12 đến tháng 2. Thời gian lạnh nhất là tháng 1 nhiệt độ xuống tới dưới âm 10 độ C. **Em thường ở nhà trong mùa đông vì em không chịu được cái lạnh.**

한국의 겨울은 12월에 시작하여 2월까지입니다. 가장 추운 온도는 1월에 나타나는데 영하 10도 이하까지 떨어집니다. **저는 추위를 잘 참지 못하기 때문에 겨울에 대부분 시간을 집에서 보냅니다.**

상황 2

Thường từ tháng 12 đến tháng 2 coi như là mùa đông tại Hàn Quốc và thời tiết rất lạnh. Nhưng khi tuyết rơi những địa điểm du lịch và các sườn núi phủ tuyết trắng **đẹp như trong tranh.**

보통 12월에서 2월까지 겨울이라고 하며, 굉장히 춥습니다. 그렇지만 눈이 올 때, 각 관광지들과 눈이 덮인 산등성이의 모습은 **그림과 같이 아름답습니다.**

상황 3

Mùa đông tại Hàn Quốc thường bắt đầu từ tháng 12 cho tới tháng 2 năm sau. **Mùa đông Hàn Quốc thu hút du khách với những phong cảnh đẹp** và là thời điểm lý tưởng đi du lịch.

한국의 겨울은 12월부터 그 다음해 2월까지입니다. **한국 겨울의 아름다운 풍경은 여행객들을 매료시키기 충분하며,** 매우 이상적인 여행 시기이기도 합니다.

표현 Tips
- 저는 겨울에 보통 집에 있습니다 **Em thường ở nhà trong mùa đông**
- ~는 그림과 같이 아름답다 **~ đẹp như trong tranh**
- ~의 아름다운 풍경은 여행객들을 매료시킵니다
  ~ thu hút du khách với những phong cảnh đẹp

어휘 tuyết rơi 눈이 내리다 sườn núi 산등성이 phủ 덮다 tranh 그림 thu hút 매료시키다, 흡수하다 thời điểm lý tưởng 이상적인 시기

159

EXERCISE

해답은 바로 앞페이지 Q1~Q5에 있습니다.

Q1 선호하는 계절   온화한 기후와 만개한 꽃을 볼 수 있는 봄은 아마 가장 많은 사람이 좋아하는 계절일 거라 생각합니다.

Có lẽ mùa ____ là mùa được ưa thích nhiều nhất bởi thời tiết ___ ___ còn có thể nhìn thấy nhiều loài ____ mùa xuân ___ nhất.

Q2 관광객에게 좋은 계절   한국을 여행하기 가장 이상적인 시기는 가을이라고 자신있게 말할 수 있습니다.

Em có thể nói, mùa ____ là ___ ____ ___ ___ nhất để du lịch Hàn Quốc.

Q3 한국의 여름   한국의 여름은 매우 습하고 덥기 때문에 많은 한국 사람들이 더위를 피하기 위해 해수욕을 하러 갑니다.

Thông thường vào mùa hè rất _____ và ___ ____ cao nữa nên nhiều người Hàn đi tắm biển để _____ cái nóng.

Q4 한국과 베트남 기후 차이   제가 알기로는, 베트남은 건기와 우기의 두 종류의 계절을 갖고 있습니다.

Theo em biết, ở Việt Nam có 2 mùa, mùa ____ và mùa ___.

Q5 한국의 겨울   보통 12월에서 2월까지 겨울이라고 하며, 굉장히 춥습니다.

Thường từ tháng 12 đến tháng 2 coi như là ____ _____ tại Hàn Quốc và thời tiết ___ ____.

바로 써먹는 문장

12

날씨/계절에 관한 다양한 표현을 응용할 수 있는 표현 Tip들입니다.

1 이 계절은 성수기에 속합니다.
Mùa này thuộc thời điểm cao điểm.

2 한국에서 봄과 가을은 계절의 왕이라고 불립니다.
Mùa xuân và mùa thu được gọi là mùa vua tại Hàn Quốc.

3 여름철 기온은 매우 높고 습합니다.
Thời tiết mùa hè nhiệt độ và độ ẩm đều cao lắm.

4 한국에서 5월은 결혼식이 가장 많이 있는 가장 좋은 계절로 꼽힙니다.
Tháng 5 là thời điểm tốt nhất cho lễ kết hôn tại Hàn Quốc.

5 저는 추위를 잘 참지 못하기 때문에 여름이 더 좋습니다.
Em thích mùa hè hơn mùa đông vì em không chịu được cái lạnh.

6 가을에 단풍이 든 모습은 정말 아름답습니다.
Phong cảnh của những tán lá phong đầy màu sắc vào mùa thu thật đẹp.

7 기후 변화로 인해 여름이 길어지고 있습니다.
Mùa hè ngày càng kéo dài hơn do chịu ảnh hưởng của sự biến đổi khí hậu.

8 낮에 공기는 아직 덥지만 아침과 오후 공기는 약간 춥습니다.
Không khí ban ngày vẫn nóng nhưng buổi sáng và buổi chiều thì hơi lạnh.

9 한국의 1월 온도는 영하 10도 이하까지 떨어집니다.
Nhiệt độ tháng một tại Hàn Quốc xuống tới dưới -10 độ C.

10 오늘 날씨는 쾌적하고 좋습니다.
Thời tiết hôm nay mát mẻ và dễ chịu.

● 숫자와 장소를 물어볼 때

숫자와 장소를 물어볼 때 사용하는 의문 표현들을 익혀봅시다.

1. Mấy / Bao nhiêu

얼마, 몇으로 표현되는 수를 물어보는 의문 형태입니다. Mấy는 화자의 입장에서 작은 숫자로 생각될 때 사용하며, Bao nhiêu는 많은 숫자 혹은 숫자가 가늠되지 않을 때 사용합니다. 보통 10을 기준으로 이하이면 Mấy, 이상이면 Bao nhiêu를 사용합니다.

Mấy

- Lớp của anh có **mấy** người? → Có 5 người.
  당신의 반에는 학생이 몇 명인가요?　　5명입니다.

- Bây giờ là **mấy** giờ rồi? → 9 giờ sáng.
  지금 몇 시죠?　　오전 9시네요.

- Chị làm việc ở đó **mấy** năm rồi? → 5 năm rồi.
  그 회사에서 일한 지 얼마나 됐나요?　　5년 됐습니다.

Bao nhiêu

- Công ty anh có **bao nhiêu** nhân viên? → Có 300 nhân viên.
  회사 직원이 몇 명인가요?　　300명입니다.

- Năm nay chị **bao nhiêu** tuổi rồi? → 40 tuổi còn anh?
  올해 나이가 어떻게 되시나요?　　40살입니다. 당신은요?

- Cái này là **bao nhiêu** tiền? → Tăm tram tăm mươi hai ngàn.
  이것은 얼마인가요?　　882,000동입니다.

  * 가격을 물어보는 bao nhiêu tiền 에는 Mấy tiền 을 사용하지 않습니다.

2. Đâu / Ở đâu

Đâu는 지점, 장소를 물어볼 때 사용하는 표현이며, Ở đâu는 Ở와 결합하여 ~에서 ~를 하는지 묻는 의문문을 만들어 줍니다. Ở đâu의 경우 **동사 뒤**에 위치합니다.

- Chị đi **đâu** đấy?　　　　　　　어디 가세요?
- Cái bóp của em **đâu** rồi nhỉ?　내 지갑 어디에 뒀지?
- Anh làm việc **ở đâu**?　　　　　어디에서 일하시나요? (직장이 어디세요?)
- Chị sống **ở đâu**?　　　　　　　어디에서 사시나요?
- Em học tiếng Việt **ở đâu**?　　　어디에서 베트남어를 배우시나요?

Bài 13
Hãy nói về mục tiêu / kế hoạch của mình

목표/계획에 대해 말하기

학습 목표 목표나 계획에 대한 질문은 대답의 논리를 체크하는 부분입니다. 금년도 계획/목표, 베트남 방문 계획, 여행 계획, 장래 목표 등 기출 빈도가 높은 주제를 익혀보겠습니다.

Q & A
1. 금년도 목표
2. 베트남 방문 계획
3. 여행 계획
4. 목표를 세우는 이유
5. 계획이나 목표 중도포기 이유

문법 Tips 답변할 때

새해 목표, 금년도 목표, 개인적인 소망, 여행계획 등 어떤 계획이나 목표에 대한 질문이 OPI 시험에서 자주 등장합니다. 단순한 답변보다는 그 목표나 소망을 갖고 있는 이유 또는 배경과 함께 어떻게 달성할 것인지에 대한 논리적인 대답이 요구됩니다.

이유나 배경이 없는 목표가 없고, 추진계획이나 방법을 생각하지 않고 세우는 계획이 없듯이 수험생의 계획이나 목표에 대한 질문에 간략하면서도 명료하게 대답할 수 있어야 합니다.

OPI 시험에서 좋은 등급을 받기 위해서는 어휘력, 표현력 그리고 논리가 가장 중요합니다. 머리속으로 대답에 대한 가상훈련(Image training)을 해본 후 반드시 직접 말로 표현해 보시기 바랍니다. 짧은 대답이라도 표현이 풍부하고 논리가 있으면 좋은 결과를 얻을 수 있습니다.

Tip

1. **새해 또는 금년도 개인목표 정리하기!**

2. **휴가를 위한 여행계획을 세우는 방법에 대해 생각해 보기!**

3. **목표나 계획을 어떻게 달성할 것인지 방법론을 정리하기!**

4. **목표나 계획을 추진할 때 어떤 해결책이 좋은지 정리하기!**

Q & A
List

🎧 13-01

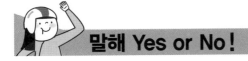
Q1 Bạn có kế hoạch đi du lịch nước ngoài trong năm nay không? 올해 해외여행 계획이 있나요?

YES

Dạ có. Em đang lập kế hoạch đi du lịch Nhật Bản với gia đình. Do đó em đã liên hệ với một số công ty du lịch và nhận báo giá để so sánh chi phí du lịch.

네. 저는 가족들과 일본으로 여행을 가기 위해 여행 계획을 만들고 있습니다. 그것을 위해 저는 이미 몇몇 여행사에 연락을 해서 가격 비교를 위해 견적을 받았습니다.

NO

Dạ không. Em không thích đi du lịch nước ngoài nên không có kế hoạch gì hết.

아닙니다. 해외로 나가는 것을 좋아하지 않아 저는 해외여행 계획이 없습니다.

SOSO

Dạo này em bận nhiều việc nên chưa suy nghĩ đến việc đi du lịch.

회사 일로 바빠서 저는 금년 여행 계획에 대해 아직 생각하지 못했습니다.

어휘   do đó 그로 인해 liên hệ 연락하다, 접촉하다 công ty du lịch 여행사 báo giá 견적서 so sánh 비교하다

Q2 Bạn có thể đạt được mục tiêu năm nay không? 당신은 금년도 목표를 달성할 수 있나요?

YES

Dạ, em có tự tin em đạt được mục tiêu năm nay vì mọi điều đang được tiến hành đúng theo kế hoạch của mình.

네, 계획에 맞게 진행되고 있기 때문에 저는 금년도 저의 목표를 달성할 수 있다고 확신합니다.

NO

Dạ không, chắc không được ạ. Đầu năm nay em thiết lập quá nhiều mục tiêu trong năm nên không thể đạt được tất cả.

아니요, 아마 안 될 것 같습니다. 연초에 너무 많은 목표를 세워서 전부 달성하긴 힘들 것 같습니다.

SOSO

Tới bây giờ thì em vẫn thực hiện bình thường nhưng em không chắc chắn đạt được hay không vì ngày càng lười biếng hơn.

현재까지는 별탈없이 진행되고 있으나 갈수록 게을러져서 확실한 달성 여부는 말하기가 어렵습니다.

어휘   tự tin 확실한, 확신을 갖다 tiến hành 진행되다 đúng theo ~에 맞게, ~에 따라 tất cả 전부 lười biếng 게으른

166

Mục tiêu của bạn trong năm nay là gì?

당신의 금년도 목표가 무엇인가요?

 13-03

Trước khi, Sau khi : **그 전, 그 후** 뜻이며 보통 다음과 같은 형태로 사용됩니다.

예 저는 밥을 먹은 후에 출근할 것입니다 / 저는 밥을 먹기 전에 출근했습니다

샘의 Tips

1) Trước/Sau Khi + A + B
   → Em sẽ đi làm sau khi ăn cơm / Em đã đi làm trước khi ăn cơm
2) B + Trước/Sau Khi + A
   → Sau khi ăn cơm, em sẽ đi làm / Trước khi ăn cơm, em đã đi làm

&A

자신의 상황과 가장 비슷한 답변을 중심으로 집중 연습해 보세요!

상황 1 Mục tiêu năm nay của em là vào doanh nghiệp lớn. Vì vậy em đang học tiếng Anh, tiếng Việt và máy tính nữa. **Ngoài ra em sẽ đi hoạt động từ thiện ở nước ngoài khoảng giữa năm nay**.

저의 금년도 목표는 대기업에 입사하는 것입니다. 그것을 위해서, 저는 컴퓨터, 영어 그리고 베트남어를 배우고 있습니다. 또한, 올해 중순에는 해외로 약 한 달 동안 봉사활동을 갈 계획입니다.

상황 2 Thứ nhất là giảm cân 5kg trước mùa hè bằng cách tập thể dục đều đặn. Thứ hai là mỗi tháng đọc sách 1 quyển trở lên.

첫째로는, 꾸준히 운동을 해서 여름 전까지 5kg을 감량하는 것입니다. 둘째는 매달 한 권 이상 독서를 하는 것입니다.

상황 3 Học thạc sĩ ở nước ngoài là mục tiêu của em. Cho nên em đang chuẩn bị thi vào sau đại học. **Có lẽ em sẽ đi du học ở Singapore hoặc Việt Nam.**

해외에서 석사과정을 공부하는 것이 금년도 저의 목표입니다. 그것과 관련하여, 저는 입학시험을 준비하고 있습니다. **아마도 저는 싱가폴이나 베트남에서 공부할 것입니다.**

표현
Tips

• 저는 해외 봉사활동을 갈 예정입니다 **Em sẽ đi hoạt động từ thiện ở nước ngoài**

• 저는 ~로 유학을 갈 예정입니다 **Em sẽ đi du học ở ~**

어휘 mục tiêu 목표 doanh nghiệp lớn 대기업 giảm cân 다이어트하다, 살을 빼다 đều đặn 꾸준히, 지속적으로 quyển (책) ~권 trở lên ~이상 thạc sĩ 석사 sau đại học 대학원

Q2 Bạn có kế hoạch đi sang Việt Nam không?

베트남에 방문할 계획을 가지고 있나요?

 13-04

샘의 Tips

một ngày gần đây 는 **가까운 시일 내에, 조만간** 이라는 뜻을 가지며 비슷한 어휘로써 một ngày không xa 가 있습니다.

&A 자신의 상황과 가장 비슷한 답변을 중심으로 집중 연습해 보세요!

상황 1 Em chưa có kế hoạch đi Việt Nam. Nhưng mẹ em muốn đi du lịch Đông Nam Á trong kỳ nghỉ hè năm nay, cho nên em sẽ tìm hiểu một số điểm du lịch nổi tiếng ở Việt Nam.

현재까지 아직 베트남에 방문할 계획은 없습니다. 그러나 어머니가 올 여름 동남아로 휴가를 떠나기 원하셔서 베트남에 있는 몇몇 유명 관광지에 대해 공부하려 합니다.

상황 2 **Công ty em đang có kế hoạch đầu tư kinh doanh mới tại Việt Nam.** Để tiến hành dự án này em đang tìm một công ty đối tác trong doanh nghiệp Việt Nam. Có lẽ em sẽ đi công tác một ngày gần đây.

저희 회사는 베트남에서 신사업을 하려고 계획하고 있습니다. 그것을 위해 우리는 베트남 업체 중에서 사업 파트너를 찾고 있는 중입니다. 아마도 가까운 시일 내에 베트남 출장을 갈 것 같습니다.

상황 3 Em sẽ đi Việt Nam vào tháng 8 năm nay để tham dự một hội thảo đầu tư Việt Nam.

저는 베트남 투자 세미나에 참석차 올 8월경에 베트남에 방문할 계획을 갖고 있습니다.

상황 4 Em sẽ sang Việt Nam cuối năm nay để đi gặp bạn thân đang du học ở Việt Nam. Nó đang học tiếng Việt ở một trường đại học ở Hà Nội. **Bạn ấy luôn kể là bạn ấy sinh hoạt ở Việt Nam rất vui vẻ.** Lần này em sẽ đi Sapa với nó.

저는 베트남에서 유학하고 있는 친구를 만나러 올해 말에 베트남에 갈 예정입니다. 그는 현재 하노이 대학교에서 베트남어를 공부하고 있는데, **항상 저에게 베트남에서 생활이 즐겁다고 말합니다.** 이번 여행에서 저는 친구와 함께 사파 산을 가볼 예정입니다.

표현 · 저희 회사는 ~할 계획입니다 **Công ty em đang có kế hoạch ~**
Tips · 그 친구는 항상 ~라고 말합니다 **Bạn ấy luôn kể là ~**

어휘 **kế hoạch** 계획 **tìm hiểu** 알아보다, 조사하다 **kinh doanh mới** 신사업 **tiến hành** 실행하다, 진행하다 **dự án** (기획)안 **đối tác** 파트너 **một ngày gần đây** 조만간, 가까운 시일 내에 **thăm dự** 참가하다 **hội thảo** 세미나 **nó** 그 **sinh hoạt** 생활

Q3 Bạn có kế hoạch đi du lịch trong năm nay không?
올해 여행 계획이 있나요?

 13-05

샘의 Tips

em đề cử phải ~ 는 **~해보길 추천해 드립니다** 라는 뜻으로 기회가 되면 면접관에게 사용 합시다! 본인이 적극적으로 대화를 주도해가는 느낌을 줄 수 있습니다.

예 Em đề cử phải ăn thử 꼭 한번 드셔보세요!

자신의 상황과 가장 비슷한 답변을 중심으로 집중 연습해 보세요!

상황 1
Em đang chuẩn bị xin việc nên chưa có kế hoạch đi du lịch trong năm nay. Thật ra là em không đủ tiền để đi du lịch nên không đi du lịch năm nay mà sau khi có việc làm **em sẽ tự tặng quà cho mình** một chuyến đi du lịch.

제가 취업 준비 중이라서 금년도 여행 계획은 아직 없습니다. 사실 여행 갈 금전적인 여력도 없어서 올해에는 여행을 가지 않고, 취업 후에 **저에게 주는 선물**로 여행을 갈 예정입니다.

상황 2
Em đang lập kế hoạch đi đảo JeJu với bạn 5 ngày 4 đêm trong thời gian nghỉ phép mùa hè. Em có một người thân kinh doanh nhà khách nên em ở lại đó miễn phí. Nếu cô chưa đi đảo Jeju thì em đề cử phải đi thử xem.

하계휴가를 위해서 저와 제 친구는 4박 5일간 제주도에 놀러갈 여행계획을 만들고 있습니다. 제주도에 친한 지인이 게스트 하우스를 운영하고 있어서 숙박을 무료로 할 수 있습니다. 만약 아직 제주도에 가보지 않았다면, 꼭 가보시길 추천해 드립니다.

상황 3
Em không thể đi đâu cả vì công việc quá nhiều, em rất là bận.

회사의 업무로 바쁘기 때문에 **저는 아무데도 여행을 못 갈 것 같습니다.**

상황 4
Em có kế hoạch đi Nhật Bản với bạn trai cuối năm nay. Lần này là lần đầu tiên đi Nhật Bản nên em rất mong chờ đến ngày đó.

올해 말에 저는 남자친구와 일본 여행을 갈 계획입니다. 태어나서 처음으로 가는 일본 여행이라 너무 기대가 됩니다.

표현 Tips
· 제 자신에게 ~를 선물로 줄 것입니다 **Em sẽ tự tặng quà cho mình ~**
· ~때문에 아무데도 갈 수 없습니다 **Em không thể đi đâu cả vì ~**

어휘 xin việc 직장을 구하다 tặng quà 선물을 주다 chuyến 한 차례의 이동, 이동편 nghỉ phép mùa hè 하계휴가 người thân 지인 nhà khách 숙소 ở lại 숙박하다, 묵다 đề cử 추천하다 mong chờ 기대하다

Q4 Tại sao cần phải thiết lập mục tiêu? Có lợi ích gì?

목표를 세우는 이유가 무엇일까요? 어떤 이익이 있을까요?

13-06

샘의 Tips

Đạt 은 ~을 이루다, 성취하다, 달성하다 라는 표현입니다.

예 đạt được mục tiêu 목표를 성취하다, đạt tiêu chuẩn 기준에 달하다

비슷한 용어인 đặt(예약하다, ~에 두다), đắt(비싼) 과 혼동하지 않도록 합시다.

&A 자신의 상황과 가장 비슷한 답변을 중심으로 집중 연습해 보세요!

상황 1 Em nghĩ thiết lập mục tiêu thì có thể kiểm soát cuộc sống của mình. Mục tiêu giống như la bàn của cuộc sống.

저는 목표를 세우면 자신의 삶을 컨트롤할 수 있다고 생각합니다. 목표는 삶의 나침반과 같습니다.

상황 2 Nếu thiết lập mục tiêu thì em sẽ có những quyết định đúng đắn. Mục tiêu giúp em xác định và thiết lập những điều em ưu tiên và đưa ra các lựa chọn đúng dựa trên quan điểm dài hạn về những gì là quan trọng nhất đối với em.

목표를 세울 시 올바른 결정을 내릴 수 있습니다. 목표를 세움으로 일의 우선순위를 정할 수 있으며 저에게 가장 중요한 것들이 무엇인지 장기적인 관점에서 올바른 선택을 할 수 있습니다.

상황 3 Theo em nghĩ, **thiết lập mục tiêu thì có thể hoàn thành nhiệm vụ một cách có hiệu quả**. Em sẽ tập trung và dành thời gian, sức lực vào công việc.

제가 생각하기에, **목표를 세우면 효율적으로 업무처리를 할 수 있다고 생각합니다.** 업무에 보다 집중해서 시간과 힘을 쏟을 수 있습니다.

상황 4 Thiết lập mục tiêu làm cho em tiến bộ. Sau khi em đạt được một mục tiêu, em sẽ cố gắng đạt được mục tiêu cao hơn. **Em thấy mục tiêu là điểm khởi đầu của thành công.**

계획을 세우는 것은 제 스스로를 발전시켜줍니다. 어떠한 목표를 이루고 나면 이후에 더욱 높은 목표를 실천하기 위해 노력을 하게 됩니다. **목표는 성공의 시발점이라고 생각합니다.**

표현 · 효율적인 업무처리를 할 수 있습니다 **Hoàn thành nhiệm vụ một cách có hiệu quả**

Tips · ~은 성공의 출발점입니다 **~ là điểm khởi đầu của thành công**

어휘 kiểm soát 통제하다, 컨트롤하다 la bàn 나침반 đúng đắn 올바른 ưu tiên 우선의 quan điểm 관점 dài hạn 장기적 hoàn thành 완성하다, 끝내다 nhiệm vụ 임무, 업무 hiệu quả 효과적인 sức lực 체력, 힘 tiến bộ 진보하다, 발전하다 điểm khởi đầu 시발점 thành công 성공

Q5 중도포기 이유 Vì sao hầu hết người không đạt được mục tiêu đã đề ra?

왜 대부분의 사람들이 계획이나 목표를 중도에 포기할까요? 🎧 13-07

샘의 Tips

Không 은 가장 많이 쓰이는 단어 중 하나로, 많은 뜻을 가지고 있습니다. 그 중 하나로 동사 앞에 위치할 경우, 부정의 의미를 가진 조동사가 되므로, 대화 시 적합한 반의어가 떠오르지 않을 경우 không 을 앞에 붙여서 상황에 대처하도록 합시다.

예 không chính xác 부정확한, không cụ thể 추상적인, không đẹp 못생긴

&A

자신의 상황과 가장 비슷한 답변을 중심으로 집중 연습해 보세요!

상황 1   Bởi vì thiếu một kế hoạch cụ thể. Nếu không có một kế hoạch nghĩa là người đó đã lên kế hoạch để nhận thất bại. Kế hoạch rất quan trọng trong việc giúp đạt được mục tiêu.

구체적인 계획이 없어서 그렇습니다. 계획이 없다는 것은 곧 실패한다는 것을 의미합니다. 계획은 목표를 이루게 해주는 정말 중요한 것입니다.

상황 2   Vì không tự **cam kết với bản thân.** Nếu như người nào không tự buộc mình làm theo những cái mà ta đã đặt ra, những lý do và sự bào chữa sẽ làm trì hoãn những việc cần làm để hỗ trợ mục tiêu của mình.

스스로와의 약속을 지키지 않기 때문입니다. 만약 본인이 정한 것들을 따르지 않는다면 많은 이유들과 스스로를 변호하는 심리들이 자기 자신의 목표를 지연시킬 것입니다.

상황 3   Em thấy vì không tìm được mục tiêu chính đáng. Việc đặt mục tiêu không phù hợp và đuổi theo những thứ không thực sự cần và mong muốn sẽ **làm lãng phí nhiều tiền bạc, thời gian và sức lực**.

정확하고 확실한 목표가 없기 때문이라고 봅니다. 진정으로 필요하거나 바라지 않는 부적합한 목표설정은 **많은 시간과 힘, 돈을 낭비하게 합니다.**

표현   · 본인과의 약속 **Cam kết với bản thân**
Tips   · ~은 많은 시간과 힘, 돈을 낭비하게 합니다
          ~ làm lãng phí nhiều tiền bạc, thời gian và sức lực

어휘   **thiếu** 모자라다, 부족하다 **lên** 오르다, ~위에 **thất bại** 실패 **cam kết** 약속하다, 보증하다 **bản thân** 본인, 자기 자신 **buộc** 얽다, 얽매다 **trì hoãn** 지연하다 **hỗ trợ** 돕다 **chính đáng** 올바른, 확실한 **phù hợp** 적합한, 부합하는 **đuổi theo** 추격하다, 쫓다 **thực sự** 사실, 실제로 **tiền bạc** 돈

EXERCISE

해답은 바로 앞페이지 Q1~Q5에 있습니다.

Q1 금년도 목표 첫째로는, 꾸준히 운동을 해서 여름 전까지 5kg을 감량하는 것입니다.

Thứ nhất là ＿＿ ＿＿ 5kg ＿＿ ＿＿ mùa hè bằng cách tập thể dục ＿＿ ＿＿.

Q2 베트남 방문 계획 저는 베트남에서 유학하고 있는 친구를 만나러 올해 말에 베트남에 갈 예정입니다.

Em sẽ ＿＿ Việt Nam ＿＿ năm nay để đi gặp bạn thân đang ＿＿ ＿＿ ở Việt Nam.

Q3 여행 계획 회사의 업무로 바쁘기 때문에 저는 아무데도 여행을 못갈 것 같습니다.

Em ＿＿ ＿＿ đi đâu cả vì công việc quá nhiều, em rất là ＿＿.

Q4 목표를 세우는 이유 저는 목표를 세우면 자신의 삶을 컨트롤할 수 있다고 생각합니다. 목표는 삶의 나침반과 같습니다.

Em nghĩ ＿＿ ＿＿ mục tiêu thì có thể ＿＿ ＿＿ cuộc sống của mình. Mục tiêu giống như ＿＿ ＿＿ của cuộc sống.

Q5 계획이나 목표 중도포기 이유 구체적인 계획이 없어서 그렇습니다. 계획이 없다는 것은 곧 실패한다는 것을 의미합니다.

Bởi vì ＿＿ một ＿＿ ＿＿ cụ thể. Nếu không có một ＿＿ ＿＿ nghĩa là người đó đã lên kế hoạch để nhận ＿＿ ＿＿.

바로 써먹는 문장

목표/계획에 관한 다양한 표현을 응용할 수 있는 표현 Tip들입니다.

1 저는 금년도에 달성하고자 하는 목표를 가지고 있습니다.

Em có một mục tiêu mà muốn đạt trong năm nay.

2 당신은 이미 그 목표나 계획을 문서로 만들었습니까?

Bạn có làm tài liệu về mục tiêu hoặc kế hoạch của mình chưa?

3 말보단 실천하세요.

Hãy làm thay vì nói.

4 성공한 모든 사람들은 목표설정을 했습니다.

Tất cả những người thành công đều có mục tiêu.

5 필요하다면 장기계획을 만드세요.

Nếu cần thiết, làm kế hoạch dài hạn.

6 목표설정은 목표를 이루기 위한 첫 번째 단계입니다.

Thiết lập mục tiêu là bước đầu tiên trong quá trình hoàn thành mục tiêu.

7 그는 야망이 매우 큰 사람입니다.

Anh ấy là một người đầy tham vọng.

8 어려운 일에 봉착했을 때, 주변 사람들에게 조언을 구하세요.

Khi bạn gặp một điều khó khăn, trở ngại hãy xin tư vấn những người thân.

9 저는 해결책을 얻기 위해 종종 아버지와 상담을 합니다.

Em thường tư vấn với bố em để tìm biện pháp giải quyết.

10 저는 내년에 저의 애인과 결혼할 계획을 갖고 있습니다.

Em có kế hoạch lập gia đình với người yêu vào năm sau.

11 죽기 전에 세계여행을 하는 것이 꿈입니다.

Đi du lịch thế giới trước khi chết là một giấc mơ của em.

문법 Tips 13

 답변할 때

답변할 때 많이 쓰는 단어들과 표현들을 알아보도록 하겠습니다! ~같이 보인다, 제 생각에는, 아마도, ~처럼 보인다 등의 표현을 익혀두면 대답하기에 한결 더 수월합니다.

1. Thấy (=Theo em)

~라고 생각하기에, ~라고 느끼기엔 이라고 표현되며, 질문-대답시 많이 사용되는 단어입니다.

- Anh **thấy** người Việt thế nào?
  당신이 보기에 베트남 사람은 어떤가요?
→ Tôi **thấy** người Việt hiền và thân thiện.
  제 생각에는 착하고 친절한 것 같습니다.

- Chị **thấy** học tiếng Việt như thế nào?
  베트남어 학습은 어떤가요?
→ Em **thấy** khó mà vui.
  어렵지만 재밌다고 생각합니다.

2. Hình như

아마 ~처럼 보인다, 아마 ~하다 라는 추정의 표현을 나타냅니다. (It seems that ~ 과 비슷함)

- **Hình như** ông ấy đi về nhà rồi.
- Cô ấy **hình như** không muốn gặp em.
- **Hình như** bạn em mới thức dậy.

아마 그는 이미 집에 간 것 같습니다.
그녀는 아마 저를 보기 싫은 것 같아요.
아마 제 친구는 방금 일어난 것 같아요.

3. Chắc là

Hình như 와 비슷하게 아마 ~처럼 보인다, 아마 ~하다 라는 뜻을 가지고 있지만, 추정보다는 **확신에 가까울 때 / ~이 일어날 확률이 높을 경우** 사용됩니다.

- Chị ho nhiều quá. **Chắc là** chị bị cảm phải không?
  기침을 많이 하시네요, 혹시 감기에 걸리신 거 아닌가요?

- Nhanh lên! **Chắc là** mọi người đang đợi chúng ta.
  서둘러요! 아마 모두들 저희를 기다리고 있을 거에요.

4. Trông

~처럼 보인다라는 뜻으로 사용됩니다. 실제 눈으로 보이는 **외형, 외관**의 상태를 말할 때 주로 사용되며, 보통 co ve 와 같이 사용됩니다.

- Cô ấy **trông** rất khỏe.
  그 선생님은 매우 건강해 보인다.
- Hôm nay **trông** anh có vẻ mệt
  오늘 좀 피곤해 보이시네요.
- Chị **trông** có vẻ trẻ hơn so với trước đây
  전보다 더 젊어 보이시네요.

Nói về lịch trình hôm nay sau khi kết thúc thi

시험 종료 후 일정에 대해 말하기

학습 목표 시험의 마지막 단계라 할 수 있는 시험 종료 후의 일정에 대해 학습하겠습니다. 마무리를 잘 해야 좋은 결과를 얻을 수 있습니다.

Q & A 1. 시험 종료 후 일정
2. 시험 종료 후 식사 계획
3. 주말 계획
4. OPI 시험 응시 횟수
5. OPI 시험 재응시 계획

문법 Tips 부탁이나 요청을 할 때

OPI 시험에서 좋은 결과를 얻기 위한 방법 중의 하나는 첫인상을 마지막까지 가져가야 한다는 것입니다. 즉, 시험 도입부에서 중반부까지 모든 질문에 논리적으로 잘 대답했다 하더라도 후반부의 마무리를 잘 대처하지 못하면 좋은 결과를 얻기가 힘들 것입니다.

시험 종료 이후의 계획, 활동, 약속, 식사 일정 등에 대해 꼭 준비를 철저히 하여 후반부까지 현명하게 대처할 수 있는 마음의 여유를 갖기 바랍니다.

시험의 후반부에는 꼬리를 무는 질문이 많지 않습니다. 각 질문에 단답형 형식으로 대답하는 것이 좋습니다. 후반부의 역할은 Cooling down, 즉 열을 좀 식히는 단계라고 할 수 있습니다. 따라서, 장황한 설명이나 대답보다는 약간의 농담을 섞어가며 대화를 한다면 더욱 긍정적인 인상을 줄 수 있습니다.

Tip

1. **시험 종료 후 계획이나 약속 정리하기!**

2. **시험 종료 후 먹고 싶은 음식 정리하기!**

3. **대답은 간단한 단답형으로!**

4. **시험의 마무리 단계로 접어드는 과정이므로 긍정적인 표현 사용!**

Q&A
List

 14-01

Q1 Sau khi thi xong, bạn có hẹn với bạn bè không?
시험 종료 후 친구와 약속이 있나요?

YES
Dạ, sau khi thi xong em có hẹn với bạn.
네, 이 시험이 종료된 후에 저는 친구와 약속이 있습니다.

NO
Dạ không, sau khi thi xong em sẽ về nhà liền. Em tính dọn nhà trước khi bố mẹ đến nhà em.
아닙니다. 이 시험이 끝나면 곧장 귀가할 예정입니다. 오늘 부모님이 고향에서 올라오시기 전에 집 청소를 하려고 합니다.

SOSO
Em đã hẹn với bạn đi ăn trưa ở gần đây. Nhưng bây giờ em cảm thấy hơi mệt nên em định xin lỗi và hủy hẹn với bạn sau đó đi về nhà nghỉ.
사실 저는 점심을 먹기로 친구와 약속을 하였습니다. 그러나 좀 피곤해서 미안하지만 약속을 취소하고 집에 돌아가서 휴식을 취하려고 합니다.

어휘 **tính** ~할 예정이다 **hủy hẹn** 약속을 취소하다

Q2 Cuối tuần này bạn có nghỉ ở nhà không?
이번 주말에 집에서 휴식할 예정인가요?

YES
Dạ đúng rồi. Em thấy mệt lắm để chuẩn bị kỳ thi này nên cuối tuần này em sẽ nghỉ ở nhà với gia đình.
네. 이 시험을 준비하느라 피곤해서 저는 가족과 함께 집에서 쉴 예정입니다.

NO
Dạ không. Chủ nhật tuần này có lễ cưới bạn của em, em sẽ đi với bà xã. Cô dâu của nó là người Việt.
아니요. 제 친구 하나가 일요일에 결혼 예정이라서 저는 제 아내와 함께 결혼식에 갈 것입니다. 그 친구의 신부는 베트남 사람입니다.

SOSO
Thứ 7 thì em sẽ ở nhà nghỉ xem ti vi, còn chủ nhật thì em sẽ gặp một người bạn đang chuẩn bị thi OPI để kể kinh nghiệm thi của em cho bạn nghe.
토요일에는 TV를 보면서 그냥 집에서 쉴 예정이고, 일요일은 OPI를 준비하는 제 친구를 만나 이번 시험을 치른 경험을 설명해 줄 예정입니다.

어휘 **lễ cưới** 결혼식 **bà xã** 부인, 집사람 **cô dâu** 신부

Q1 Bạn sẽ làm gì sau khi kết thúc thi?

시험 종료 후 오늘 일정은 무엇인가요?

 14-03

 샘의 Tips

술을 마시러 가다의 표현은 Đi uống bia(rượu) 보다 **đi nhậu**로 사용합시다!
조금 더 현지 회화체에 가까운 표현입니다.

*보통 rượu 는 알코올 도수가 높은 주류를 말할 때 사용합니다 (보드카, 양주 등)

&A 자신의 상황과 가장 비슷한 답변을 중심으로 집중 연습해 보세요!

상황 1　Em sẽ đi nhậu với bạn ở Gangnam sau khi thi xong. Hôm nay em muốn xóa căng thẳng bằng cách đi chơi bowling, hát karaoke.

이 OPI 시험이 끝난 후 강남에서 친구들을 만나 술을 한 잔 할 계획입니다. 오늘 만나서 볼링도 치고 노래방도 가서 스트레스를 풀고 싶습니다.

상황 2　**Sau khi thi kết thúc em sẽ đi xem phim với bạn trai**. Xem phim rồi em đi ăn tối ở một tiệm bánh pizza nổi tiếng gần rạp chiếu phim.

이 시험이 끝난 후에 저는 남자친구와 영화를 관람할 계획을 갖고 있습니다. 영화를 본 후에는 영화관 근처에 있는 피자 맛집에서 식사를 할 생각입니다.

상황 3　Sau khi thi xong em muốn đi về nhà liền để nghỉ ngơi vì đêm qua em mất ngủ. Còn cuối tuần này em đưa con cái đi sở thú để kỷ niệm kết thúc thi.

이 시험이 끝나면 지난밤에 수면이 부족했기 때문에 저는 곧장 귀가해서 그냥 쉬고 싶습니다. 이번 주말에는 시험이 끝난 기념으로 아이들을 데리고 동물원에 갈 계획입니다.

상황 4　Thi xong rồi em cần phải đi làm việc để xử lý mấy việc còn lại. Em thấy vừa đi làm vừa học tiếng Việt khổ lắm. **Lần này em muốn đạt kết quả tốt đẹp**.

이 시험이 끝나면, 제가 아직 처리하지 못한 회사업무가 많아 출근해야 합니다. 회사를 다니면서 공부를 하는 건 쉽지 않은 것 같습니다. **이번에 좋은 결과를 얻으면 좋겠습니다.**

 표현 Tips

- 시험이 끝난 후에 저는 ~을 할 예정입니다　**Sau khi thi kết thúc em sẽ ~**
- 이번에 좋은 결과를 얻으면 좋겠습니다　**Lần này em muốn đạt kết quả tốt đẹp**

어휘　đi nhậu 술을 마시다　hát karaoke 노래방에 가다　kết thúc 마치다　xong 끝난, 끝나다　xem phim 영화관람　rạp chiếu phim 영화관　liền 곧바로, 즉시, 잇따른　mất ngủ 잠이 부족한, 수면 부족　sở thú 동물원　kỷ niệm 기념, 기념하다　xử lý 처리하다　còn lại 유지하다, 남다

179

Sau khi thi xong bạn ăn trưa với ai?

시험 종료 후 누구와 식사할 예정인가요?   14-04

샘의 *Tips*

~와 약속이 있다는 em có hẹn với ~ 또는 em sẽ gặp ~ 으로 표현할 수 있습니다.

&A 자신의 상황과 가장 비슷한 답변을 중심으로 집중 연습해 보세요!

상황 1 **Em sẽ đi ăn thịt nướng gần đây** với mấy bạn em. Ba chỉ heo nướng là món ưa thích nhất của em. Ngoài ra, ba chỉ heo nướng là món được dùng nhiều nhất khi liên hoan công ty.

친구들과 **이 근처 고기집에 갈 예정입니다.** 삼겹살은 제가 제일 좋아하는 음식입니다. 또한, 한국에서 회식자리가 있을 때 가장 많이 먹는 음식이기도 합니다.

상황 2 Sau khi thi xong em sẽ đi ăn mì lạnh với bố mẹ. Gia đình em đều rất thích món ăn bằng mì sợi. Thật ra, cuối tuần này là ngày kỷ niệm kết hôn của bố mẹ nên sau khi ăn trưa em mua quà tặng cho bố mẹ.

이 시험이 끝난 후에 저는 부모님과 함께 냉면을 먹으러 갈 예정입니다. 저희 가족 모두 면 음식을 정말 좋아합니다. 사실, 이번 주말이 부모님 결혼기념일이기 때문에 식사 후에 선물을 사드릴 예정입니다.

상황 3 **Em không ăn trưa, muốn đi về liền để ngủ.** Sau khi nghỉ ngơi một vài tiếng em sẽ tự nấu ăn tối. Em thích nấu ăn ở nhà.

저는 밥을 먹지 않고 곧장 집에 가서 자고 싶습니다. 몇 시간 쉰 후에 저는 저녁식사를 위해 혼자 요리를 할 것입니다. 저는 집에서 요리하는 것을 좋아합니다.

상황 4 Em có hẹn với người yêu đi ăn trưa ở nhà hàng kiểu Việt Nam tại Myeongdong. Em muốn ăn món Việt để kỷ niệm kết thúc kỳ thi OPI.

저는 서울 명동에 있는 한 베트남 레스토랑에서 함께 저녁을 먹기로 애인과 약속을 했습니다. 베트남어 OPI 시험을 봤으니 기념으로 베트남 음식을 먹으려고 합니다.

표현 · 저는 이 근처에서 ~를 먹을 예정입니다 **Em sẽ đi ăn ~ gần đây**
Tips · 곧장 집에 가서 자고 싶습니다 **Em muốn đi về liền để ngủ**

어휘 ba chỉ heo nướng 삼겹살 liên hoan công ty 회식 mì lạnh 냉면 mì sợi 면, 면류 ngày kỷ niệm kết hôn 결혼기념일 tặng quà 선물하다 một vài 약간의, 몇몇의 nấu ăn 요리하다 kiểu 형식, 스타일, 양식

180

Q3 Bạn có kế hoạch gì cuối tuần chưa?

이번 주말에 무슨 계획을 가지고 있나요?

 14-05

샘의 Tips

Mới 는 **새로운** 이라는 뜻과 근접 과거 표현인 **방금 막**이라는 표현 두 가지가 있습니다.

명사 + mới : Anh ấy là sinh viên mới 그는 새로운 학생이다

mới + 동사 : Chị ấy mới ra ngoài 그녀는 방금 밖으로 나갔다

&A 자신의 상황과 가장 비슷한 답변을 중심으로 집중 연습해 보세요!

상황 1 **Em muốn ở nhà nghỉ để giải tỏa mệt mỏi.** Vào chủ nhật em lại học tiếng Việt. Em chưa hài lòng về năng lực tiếng Việt của mình nên em sẽ thi lại vào tháng sau.

피로를 풀기 위해 저는 그냥 집에서 쉬고 싶습니다. 일요일에는 다시 베트남어 공부를 할 예정입니다. 저는 아직 저의 베트남어 실력에 만족하지 않기 때문에 다음 달에 다시 OPI 시험을 볼 것입니다.

상황 2 **Cuối tuần này em chưa có kế hoạch gì hết.** Theo dự báo thời tiết, cuối tuần này thời tiết dễ chịu và ấm áp cho nên em định đi dạo ở gần nhà với mẹ.

저는 이번 주말에 아무 계획도 없습니다. 일기예보 방송에 따르면, 이번 주말 날씨는 따뜻하고 좋다고 하니 집 근처에서 어머니와 산책을 할까 생각 중입니다.

상황 3 Em sẽ gặp một người bạn mới về từ Việt Nam. Bạn ấy là giám đốc công ty vừa và nhỏ Hàn Quốc tại Hà Nội. Chúng em rất thân nhau hơn 20 năm, **em sẽ rủ bạn ăn tối ở nhà.**

저는 베트남에서 온 제 친구와 만날 예정입니다. 그는 하노이에 있는 한 중소 한국 회사의 대표입니다. 서로 알고 지낸 지 20년이 넘는 친한 친구이므로 **그를 초대하여 함께 저녁식사를 할 예정입니다.**

표현 · 피로를 풀다 **Giải tỏa mệt mỏi**
Tips · 이번 주말에 아무런 계획이 없습니다 **Cuối tuần này em chưa có kế hoạch gì hết**
· 친구를 집으로 초대하여 저녁식사를 할 것입니다 **Em sẽ rủ bạn ăn tối ở nhà**

어휘 giải tỏa mệt mỏi 피로를 풀다 hài lòng 만족하다 dự báo thời tiết 일기예보 định ~하려고 하다, ~할 계획이다 đi dạo 산책하다 giám đốc 대표이사, 사장 rủ 초대하다, 유혹하다

Hôm nay có phải là lần thi OPI đầu tiên không? 오늘 본 OPI 시험이 처음인가요?

 14-06

 쌤의 Tips

cho nên 은 **그러므로, 그래서**라는 접속사의 일종입니다. 앞 문장과 뒤 문장을 연결해 주며 대부분 원인과 결과 형태로 표현됩니다.

⑩ Hôm qua em thức khuya cho nên bây giờ em buồn ngủ lắm. 어제 밤을 새서 지금 너무 피곤합니다

 &A

자신의 상황과 가장 비슷한 답변을 중심으로 집중 연습해 보세요!

상황 1
Dạ cô ạ. Hôm nay em hồi hộp quá không trả lời tốt những câu hỏi của cô vì lần thi hôm nay là lần thi OPI đầu tiên. **Nhưng em thấy kinh nghiệm hôm nay rất có ích cho em.** Nếu có dịp thì em muốn thi OPI một lần nữa.

네, 선생님. 오늘 시험이 저의 첫 번째 경험이라서 긴장도 많이 했고 선생님의 질문에 대답도 잘하지 못했던 것 같습니다. **하지만 이번 경험이 저에게 매우 유익했습니다.** 기회가 된다면 다음에 한 번 더 시험을 치르고 싶습니다.

상황 2
Dạ không ạ. Lần này là lần thứ hai thi OPI. Khoảng 3 tháng trước em đã thi một lần nhưng **không nhận được kết quả tốt cho nên em thi lại.** Em khá hài lòng về lần thi hôm nay vì em cảm thấy cuộc hội thoại hôm nay dễ dàng hơn so với lần thi trước.

아니오. 이 시험이 두 번째입니다. 약 3개월 전에 시험을 봤는데 **만족스러운 결과를 얻지 못해서** 다시 한 번 시험을 봤습니다. 지난 시험에 비해 오늘은 조금 더 수월하게 대화를 한 것 같아서 어느 정도 만족합니다.

상황 3
Chắc khoảng 1 năm trước em đã thi OPI một lần. Lúc đó, em thấy rất khó vì em học tiếng Việt chỉ nửa năm sau đó đi thi OPI. Thi hôm nay cũng khó nhưng em đã làm hết sức mình.

약 일 년 전쯤에 OPI 시험을 본 적이 있습니다. 당시에는 베트남어를 약 반년 정도밖에 배우지 않고 시험을 봐서 정말 어려웠습니다. 오늘도 물론 어려웠지만, 최선을 다했습니다.

 표현
Tips
· 오늘 경험은 저에게 매우 유익했습니다 **Kinh nghiệm hôm nay rất có ích cho em**
· 좋은 결과를 얻지 못하다 **Không nhận được kết quả tốt**

어휘 hồi hộp 가슴이 두근거리다, 불안한 câu hỏi 물음, 질문 có ích 유익한 kết quả 결과, 성과 hài lòng 만족하다 cuộc hội thoại 대화 so với ~와 비교하여 nửa năm 반년 làm hết sức mình 최선을 다하다

Q5 Bạn có kế hoạch thi lại không?

OPI 시험을 다시 볼 계획을 갖고 있나요?

 14-07

샘의 Tips

아마 혹은 ~ 한 것 같다 에 대한 정도의 표현은 다음과 같습니다.

Hình như (30%) **<** Có lẽ (50%) **<** Chắc là (70%) **<** Chắc chắn (100%)
마치~인 것 같다   아마도   확실히

 &A

자신의 상황과 가장 비슷한 답변을 중심으로 집중 연습해 보세요!

상황 1

Dạ có ạ! Em cần phải lấy được điểm IM trở lên nên em sẽ thi lại. Nhưng em muốn thi lại sau khi em học thêm khoảng 3 tháng nữa.

물론입니다! IM이상의 성적이 필요하기 때문에 저는 향후에 다시 시험을 볼 것입니다. 그러나 약 3개월 정도 공부를 더 한 후에 보고 싶습니다.

상황 2

Dạ không. Lần này là lần thứ 2 thi OPI và **em cần phải nộp hồ sơ xin việc tới đầu tháng sau** cho nên lần này là lần cuối thi OPI đối với em.

아니오. 이번이 두 번째 시험이기도 하고, **다음 달 초까지 제가 입사 지원하는 회사에 성적을 제출하여야 하기 때문에** 이번 시험이 마지막일 것 같습니다.

상황 3

Em sẽ đi thi OPI định kỳ để nâng cao tiếng Việt của em. **Thật ra mục đích chính thi OPI là để thực tập nói tiếng Việt và biết năng lực tiếng Việt chính xác của mình.**

베트남어 능력을 향상시키기 위해서 저는 정기적으로 이 시험을 볼 것입니다. **사실 시험을 보는 주목적은 베트남어 연습과 제 베트남어 실력이 어느 정도인지 확실히 알기 위함입니다.**

상황 4

Em không biết chắc chắn vì lệ phí thi OPI khá đắt tiền. Nhưng nếu em không nhận được kết quả tốt thì có lẽ em thi lại.

이 시험의 비용이 꽤 비싸기 때문에 저는 고민을 좀 할 것입니다. 하지만, 만약 이번 시험에서 만족할만한 결과를 얻지 못한다면 아마 다시 시험을 볼 것 같습니다.

표현 · 저는 ~까지 입사지원을 해야합니다   **Em cần phải nộp hồ sơ xin việc đến(tới)**
Tips · OPI 시험을 보는 주된 목적은 ~ 입니다   **Thật ra mục đích chính thi OPI là ~**

어휘   trở lên ~이상   thi lại 재시험을 치르다   nộp 제출하다   hồ sơ xin việc 입사지원서   chắc là 아마   định kỳ 정기적으로   nâng cao 향상시키다, 고양하다   thực tập ~를 실습하다, 연습하다   năng lực 능력, 실력   chính xác 정확한, 확실한   lệ phí (시험 등의) 응시료

Q1 시험 종료 후 일정   이 시험이 끝나면 지난밤에 수면이 부족했기 때문에 저는 곧장 귀가해서 그냥 쉬고 싶습니다.

____ ____ thi xong em muốn đi về nhà _____ để nghỉ ngơi vì đêm qua em ____ ____.

Q2 시험 종료 후 식사계획   저는 서울 명동에 있는 한 베트남 레스토랑에서 함께 저녁을 먹기로 애인과 약속을 했습니다.

Em ____ ____ ____ người yêu đi ăn trưa ở nhà hàng _____ Việt Nam tại Myeongdong.

Q3 주말 계획   저는 이번 주말에 아무 계획도 없습니다.

Cuối tuần này em ____ có kế hoạch ___ ___.

Q4 OPI 시험 응시 횟수   네, 선생님. 오늘 시험이 저의 첫 번째 경험이라서 긴장도 많이 했고 선생님의 질문에 대답도 잘하지 못했던 것 같습니다.

Dạ cô ạ. Hôm nay em ____ ____ quá không trả lời tốt những _____ _____ của cô vì lần thi hôm nay là lần thi OPI ___ ___.

Q5 OPI 시험 재응시 계획   IM이상의 성적이 필요하기 때문에 저는 향후에 다시 시험을 볼 것입니다.

Em cần phải ___ được điểm IM ___ ___ nên em sẽ thi ___.

바로 써먹는 문장 14

1 저는 시험 준비를 계획을 세워 꼼꼼하게 하는 편입니다.
Em thường lập kế hoạch cụ thể để chuẩn bị thi cử.

2 베트남어는 배우면 배울수록 어려운 것 같습니다.
Tiếng Việt càng học càng khó.

3 저는 보통 도서관에 가서 공부를 합니다.
Em thường học ở thư viện.

4 처음으로 시간을 되돌릴 수 있는 사람은 없습니다.
Không ai có thể quay ngược lại thời gian để bắt đầu lại từ đầu.

5 이 시험을 보는 대부분은 대학생입니다.
Hầu hết thí sinh của kỳ thi này là sinh viên.

6 조용하지 않으면 집중을 할 수 없기 때문에 집에서 공부하는 것을 선호합니다.
Em thích học ở nhà vì em không tập trung được ở nơi không tĩnh lặng.

7 긍정적인 생각과 깊은 심호흡은 당신을 시험의 압박에서 벗어나게 해줄 것입니다.
Suy nghĩ theo hướng tích cực và hít thở sâu trước khi làm bài giúp cho bạn vượt qua áp lực thi cử.

8 배움에는 나이가 없습니다.
Tuổi tác không phải rào cản trong việc học hành.

9 시간을 잘 지키는 사람은 해당 시간에 무엇을 해야할 지 정확히 알고 있습니다.
Người đúng giờ biết mình cần làm gì để đảm bảo luôn chuẩn về thời gian.

10 이 현상은 글로벌화 트렌드 때문에 생겼습니다.
Hiện trạng này xuất hiện do xu hướng thế giới hóa.

11 대부분의 한국 사람들은 주말에 치킨에 맥주를 마시는 것을 좋아합니다.
Hầu hết người Hàn thích ăn gà rán với bia vào cuối tuần.

12 좋은 결과가 있으면 좋겠습니다.
Em hy vọng rằng đạt kết quả tốt đẹp.

문법 Tips 14

🔵 부탁이나 요청을 할 때

부탁이나 요청을 할 때 사용되는 단어를 알아봅시다.

1. Xin

~ **해 주세요** 라는 의미로 정중하게 부탁할 때 사용되며, 긍정/부정으로 모두 사용될 수 있습니다.

> (1) 긍정문 : **Xin** + 주어 + 동사 + 목적어 = ~ 해주세요

- **Xin** cho em xem thực đơn.   메뉴 좀 보여주실래요?
- **Xin** cho anh mượn cái này một chút.   이것 좀 잠시만 빌려주세요?
- Em nghe không rõ **xin** nói lại giùm.   잘 못 들었는데 다시 말씀해주시겠어요?

*OPI 시험 시, 통화상태 불량 등으로 면접관의 말을 잘 못 들었을 때 사용하면 됩니다.

> (2) 부정문 : **Xin đừng** + 동사 + 목적어 = ~ 하지 말아주세요

- **Xin** đừng làm thức ăn quá cay nhé.   음식 너무 맵게 하지 말아주세요.
- **Xin** đừng cho đường.   설탕은 안 주셔도 됩니다.
- **Xin** đừng nói nữa.   그만 말씀해주세요.

Xin mời : ~을 정중히 권유할 경우 2인칭 대명사의 앞에 사용됩니다. 실제 회화에서는 앞에 Xin 을 생략하고 mời 만 사용하는 경우가 많습니다.

- **(Xin) mời** anh dùng cà phê.   커피 드십시오.
- **Mời** chị lên xe.   차에 타세요.

2. Cho em(tôi) + 명사

Cho 는 원래 **주다** 라는 뜻입니다. 하지만 Cho em(tôi) 의 형태로 사용되면 **(저에게) ~을 주세요 혹은 ~할게요** 라는 정중한 요청의 의미로 표현됩니다.

- **Cho em** một tô phở.   쌀국수 한 그릇 주세요.
- **Cho em** hỏi, Khách sạn DJ là ở đau?   뭐 좀 여쭤볼게요, DJ 호텔이 어디인가요?
- **Cho tôi** cái hóa đơn.   영수증 주세요.

Kết thúc
마무리하기

학습 목표   시험을 마무리하고 평가하는 단계입니다. 시험에 대한 소감,
난이도, 향후 학습 계획 등에 자주 기출되는 토픽에 대한 이해와
마무리 인사를 익혀보겠습니다.

Q & A   1. 시험에 대한 소감

시험의 마무리는 주로 시험에 대한 소감을 말하거나 난이도가 어떠했는지에 대한 질문입니다. 또한, 시험 종료 후 향후에는 어떤 계획으로 베트남어를 학습할 것인지에 대해 질문하기도 합니다.

시험의 중요 부분이 아니기 때문에 길게 대답할 필요는 없습니다. 단답형으로 시험에 대한 소감이나 아쉬운 점, 어려웠던 점 등에 대해 대답하는 것이 좋고, 향후에는 더욱 열심히 공부하겠다라는 의지를 보여주는 것이 좋습니다.

앞에서도 언급했듯이 OPI 시험에서는 초심을 끝까지 유지하는 것이 필요합니다. 즉, 마무리 단계라고 하여 결코 소홀하게 대답하면 안 된다는 의미입니다. OPI 시험은 면접시험이나 구술시험이라고도 말할 수 있는데, 그 이유는 좋은 성과를 얻기 위해서는 도입부부터 마무리 단계까지 최선을 다해야 하기 때문입니다.

Tip

1. 간략하게 시험에 대한 소감이나 느낌을 말하기!

2. 논리나 표현력이 중요한 단계는 아니다!

3. 좋은 결과를 얻기 위해 계속 공부하겠다는 의지 표현!

4. 면접관에게 관심과 배려에 감사드린다는 마지막 멘트는 필수!

Q & A
List

🎧 15-01

0. Yes or No

Q 0 말해 Yes or No!

1. 시험에 대한 소감

Q 1 Bạn thấy thi hôm nay như thế nào?
오늘 시험은 어땠나요?

Q1 **Bạn thấy thi hôm nay như thế nào? Có dễ không?**
오늘 시험은 어땠나요? 쉽게 느껴졌나요?

YES

Em thấy bình thường. Thật ra lần thứ 2 thi OPI nên dễ hơn so với lần thi trước. Tuy nhiên hôm nay cũng có mấy câu hỏi khó trả lời.

보통이였습니다. 사실 저는 두 번째 시험이였기 때문에 지난번보다는 쉬웠다고 생각합니다. 그렇다 하더라도 몇몇 질문은 제가 답변하기 어려웠습니다.

NO

Dạ không. Bài thi hôm nay khó hơn em tưởng. Em thấy tiếng Việt là ngôn ngữ khó học nhất trên thế giới đối với người Hàn.

아닙니다. 제가 생각했던 것보다 더 어려웠습니다. 한국 사람에게 베트남어는 세계에서 가장 배우기 힘든 언어인 것 같습니다.

SOSO

Có câu hỏi dễ cũng có câu hỏi khó. Em sẽ tiếp tục cố gắng học tiếng Việt và mong muốn nói chuyện với người Việt một cách trôi chảy.

쉬운 질문도 있었지만 어려운 질문도 있었습니다. 앞으로 꾸준히 베트남어를 공부해서 베트남 사람과 막힘없이 대화하고 싶습니다.

어휘　bình thường 보통의, 무난한　tuy nhiên 그러나, 그렇지만　tưởng 생각하다, 간주하다, 추측하다　tiếp tục 계속하다, 지속하다　một cách trôi chảy 순조로이, 막힘없이

Q 1 Bạn thấy thi hôm nay như thế nào?
오늘 시험은 어땠나요?

 15-03

 샘의 *Tips*

Hôm nay em rất vui vẻ nói chuyện với cô (오늘 면접관님과의 대화는 정말 즐거운 시간이었습니다), cô đã vất vả nhiều rồi (고생 많으셨습니다) 등의 문장으로 마무리 하도록 합시다!

&A

자신의 상황과 가장 비슷한 답변을 중심으로 집중 연습해 보세요!

상황 1

Em thấy những câu hỏi của cô hơi khó trả lời đối với em. **Vì vậy em quyết tâm cố gắng học tiếng Việt hơn nữa**.

제가 느끼기로는 오늘 질문들은 제가 답변하기 좀 어려웠습니다. **따라서, 저는 더욱더 열심히 베트남어를 공부하겠다고 다짐했습니다.**

상황 2

Nhìn chung, cô hỏi nhiều câu hỏi khó trả lời song em cố gắng trả lời cụ thể. Em thấy kinh nghiệm hôm nay rất có ích cho em. Xin cám ơn cô đã vất vả nhiều.

전반적으로, 질문들은 답변하기 다소 어려웠지만 저는 최대한 모든 질문에 답변하려고 노력했습니다. 오늘 경험은 저에게 있어 매우 유용했습니다. 감사합니다, 오늘 수고하셨습니다.

상황 3

Có một vài câu hơi khó trả lời nhưng nói chung em trả lời được hầu hết câu hỏi. Mục tiêu của em là lấy điểm IH trở lên cho nên em có kế hoạch thi lại vài lần nữa.

몇몇 대답하기 어려운 질문이 있었지만, 전반적으로 저는 거의 대부분의 질문에 대답할 수 있었습니다. 제 목표는 IH등급 이상을 획득하는 것이기 때문에 이 시험을 몇 번 더 보고 싶습니다.

상황 4

Em thấy chưa chuẩn bị kỹ vì em học tiếng Việt chưa được nửa năm. Em sẽ thi lại sau khi em cố gắng học tiếng Việt thêm. **Em tin chắc lấy được điểm tốt trong kỳ thi lần sau**.

베트남어를 배운 지 반년도 되지 않았기 때문에 제가 준비가 덜 되었다고 생각합니다. 더 열심히 학습한 이후에 저는 이 시험을 다시 보려 합니다. **차후에 저는 만족스러운 점수를 받을 수 있을 것이라고 확신합니다.**

 표현
Tips

• 더욱더 열심히 베트남어를 공부하기로 다짐했다
  Em quyết tâm cố gắng học tiếng Việt hơn nữa
• 저는 다음에 더 나은 점수를 받을 수 있을 거라고 확신합니다
  Em tin chắc lấy được điểm tốt trong kỳ thi lần sau

어휘 câu hỏi 질문 quyết tâm 결심하다, 다짐하다 cố gắng hơn nữa 더욱더 열심히 nình chung 전반적으로, 보기에는 vất vả 고생하다, 열심히, 수고하다 nói chung 대체적으로, 일반적으로 vài lần 몇 번 tin chắc 확신하는, 자신이 있는 lần sau 다음에

바로 써먹는 문장

15

마무리에 관한 다양한 표현을 응용할 수 있는 표현 Tip들입니다.

1 베트남어를 배우는 것은 어렵지만 재밌습니다.
Học tiếng Việt khó mà vui.

2 약간의 긴장감은 OPI 시험을 준비할 때 더 집중하게 해주는 촉진 요소가 될 수 있습니다.
Một chút căng thẳng có thể là một điều tốt vì nó sẽ thúc đẩy chúng ta tập trung vào luyện thi OPI tốt hơn.

3 너무 완벽하게 시험을 치르려고 하지 마세요.
Đừng quá cố gắng trở nên hoàn hảo trong kỳ thi.

4 잘못된 이해를 피하기 위해 모르면 바로 물어보세요.
Nếu có thắc mắc thì phải hỏi ngay để tránh hiểu nhầm.

5 듣는 것은 당신의 베트남어 말하기 실력에 많은 영향을 끼칩니다.
Nghe là yếu tố ảnh hưởng nhiều đến kĩ năng nói tiếng Việt của bạn.

6 이 시험은 저에게 좋은 경험이었습니다.
Lần thi này là một kinh nghiệm hữu ích cho em.

7 SNS나 컴퓨터 게임 등 당신을 나태하고 소홀하게 만드는 것들을 피하세요.
Tránh xa những thứ có thể làm bạn xao nhãng như SNS hoặc chơi game online.

8 베트남 사람들은 말이 매우 빠르기 때문에 말하는 속도를 따라가려면 많은 연습이 필요합니다.
Người Việt nói rất nhanh, để bắt kịp tốc độ nói của người Việt cần rất nhiều sự luyện tập.

9 가장 좋은 해결책은 베트남어로 대화하는 것입니다.
Nói chuyện bằng tiếng Việt là một trong những giải pháp tốt nhất.

10 저의 베트남어가 아직 유창하지 않아 저는 베트남어로 말하는 것이 두렵습니다.
Em hơi sợ nói chuyện bằng tiếng Việt vì kĩ năng tiếng Việt của em không tốt.

11 규칙적인 학습계획을 세우는 것은 성공의 열쇠입니다.
Lập kế hoạch học tập đều đặn là chìa khóa của thành công.

12 머리가 아파서 시험에 집중하지 못했습니다.
Em bị đau đầu không thể tập trung vào thi cử.

Làm một vở kịch (Role Play)

역할극 하기

학습 목표 면접관과 수험생이 가상의 상황에서 역할을 나누어 연극을 하는 역할극에 대해 익혀보겠습니다. 비중이 높은 토픽을 중심으로 알아보고 그와 관련된 심화 내용까지 함께 다루어 보겠습니다.

Q & A 1. 호텔 객실 예약

2. 식당 예약

3. 식당에서 음식 주문

4. 전화로 음식 주문

5. 항공권 예약

6. 택시 타기

7. 좋아하는 운동

8. 식당에서 계산하기

9. 기차표 구매

OPI 수험생들이 가장 어려워하는 부분이 바로 역할극(Role play)입니다. 항공권 예약, 입장권 예약, 레스토랑 예약, 음식/음료 주문, 음식 배달, 택시 타기 등 일상생활에서 우리가 흔히 접하거나 행하는 다양한 상황을 정리하여 대응해야 합니다.

한국과 베트남 간에 일상생활 상의 문화차이는 거의 없기 때문에 우리가 한국에서 일상적으로 하는 예약이나 주문의 방법을 그대로 적용하셔도 무방합니다. 다만, 다양한 상황을 공부하셔야만 당황하지 않고 역할극을 마무리하실 수 있습니다.

주의하실 점 중의 하나는 역할극을 할 때 역할이 항상 바뀔 수 있다는 것입니다. 예를 들어, 수험생이 식당의 종업원 역할을 할 수도 있지만 손님 역할을 할 수도 있다는 것입니다. 따라서, 말을 좀 더 많이 해야 하는 역할을 해야 하는 경우가 더 많으므로 이 점을 항상 염두에 두시기 바랍니다.

Tip

1. 식당, 티켓, 택시, 여행 등 일상생활에서 행하는 주문이나 예약에 대한 상황 정리하기!

2. 역할극에서 발생하는 돌발상황(예를 들어, 갑자기 취소하겠다, 환불해 달라 등)에 대비하기!

3. 말을 더 많이 해야 하는 역할을 맡더라도 당황하지 말고 역할극 리드하기!

4. 예약이나 주문 상황을 오래 끌지말고 적당히 "끝났습니다 (**Xong rồi**) "로 매듭짓기!

Q & A
List

🎧 16-01

Q1 Có phòng riêng cho 5 người không?
다섯 명이 들어갈 프라이빗 룸이 있나요?

YES

Dạ có. Có một phòng gần cửa sổ. Anh/Chị muốn đặt không ạ?
네. 창가에 가까운 방이 하나 있습니다. 예약해드릴까요?

NO

Xin lỗi, rất tiếc là tối nay tất cả bàn đã được đặt trước rồi.
죄송합니다. 오늘 밤 모든 테이블이 예약되어 있습니다.

어휘   **cửa sổ** 창문 **rất tiếc** 매우 아쉽지만, 안타깝게도 **tối nay** 오늘 밤

Q2 Anh/Chị đã đặt bàn chưa?
자리를 예약하셨나요?

YES

Dạ có. Em đã đặt bàn cho 2 người rồi. Người đặt tên là Jin Su Yoon. Xin anh/chị kiểm tra lại một lần nữa dùm.
네. 진수윤이라는 이름으로 두 명을 위한 테이블을 예약했습니다. 다시 한 번 확인 좀 해주실래요?

NO

Dạ chưa có đặt bàn. Nhà hàng còn chỗ trống không?
아니요. 아직 예약하지 않았습니다. 빈 테이블 있나요?

어휘   **đặt bàn** 예약하다 **người đạt** 예약자 **kiểm tra** 확인하다 **nhà hàng** (규모가 있는) 식당 **chỗ** 자리, 장소, 곳 **trống** 비어있는

Q 1 Đặt phòng khách sạn
호텔 객실 예약하기

 16-03

샘의 Tips

베트남에서 날짜 표기는 **일 / 월 / 년** 순서로 표기합니다!

예 Hôm nay là ngày 21 tháng 6 năm 2018   오늘은 2018년 6월 21일입니다.

&A

KS
호텔
Xin chào! Khách sạn Hyatt xin nghe. Em có thể giúp gì không ạ?
안녕하세요, 하얏트 호텔입니다. 무엇을 도와드릴까요?

Khách
손님
Xin chào. Em muốn đặt phòng trước.
안녕하세요, 방을 예약하고 싶습니다.

KS
Anh/Chị muốn đặt phòng từ ngày nào? trong bao nhiêu đêm?
언제부터 며칠 동안 예약하실 건가요?

Khách
Em muốn đặt trước 1 phòng từ ngày 12 đến ngày 17 tháng 6.
6월 12일부터 17일까지 4박으로 방 하나 예약 부탁드립니다.

KS
Dạ anh/chị. Anh/chị muốn loại phòng nào? Cho mấy người?
예, 선생님. 선생님께서 어떤 타입의 방을 예약하시겠습니까? 몇 분이 쓰시는 건가요?

Khách
Em muốn đạt phòng thường cho 2 người.
일반실을 예약하고 싶습니다. 2명이 쓸 예정입니다.

KS
Anh/chị muốn đạt phòng đơn hay phòng đôi?
싱글룸으로 하시겠습니까, 더블룸으로 하시겠습니까?

Khách
Em muốn đặt phòng đôi.   더블룸으로 하고 싶습니다.

KS
Dạ rồi. Vui lòng cho em biết tên Anh/Chị.
네, 알겠습니다. 예약자 성함을 알려주시겠습니까?

Khách
Em tên là Kim Jin Young.   제 이름은 김진영입니다.

KS
Cảm ơn đã ở khách sạn của chúng em. Em hy vọng anh/chị thích ở lại với khách sạn của chúng em.
예약에 감사드립니다. 저희 호텔을 이용해주셔서 감사드리며, 저희 호텔이 맘에 드셨으면 좋겠습니다.

Khách
Dạ, cám ơn nhiều.   네, 감사합니다.

KS
Không có chi.   천만에요.

đặt phòng (방을) 예약하다 loại phòng (방) 타입, 종류 phòng thường 일반실, 스탠다드룸 phòng đơn 싱글룸 phòng đôi 더블룸 hy vọng 바라다, 희망하다 Không có chi 천만에요, 괜찮아요(보통 Cám ơn에 대한 대답으로 사용)

식당 예약

Q2 Đặt bàn nhà hàng

전화로 레스토랑 예약하기

 16-04

샘의 Tips

정각을 표현할 때(강조의 의미) đúng + 시간 : Đúng 8 giờ sáng (오전 8시 정각)

절반을 의미하는 rưỡi는 ~시 반을 의미합니다 : 2 giờ rưỡi (2시 반)

~시 ~분 전은 kém을 사용하여 표현 합니다 : 5 giờ kém 10 phút (4시 50분, 5시 10분 전)

Nhân viên
종업원
Xin chào, nhà hàng ABC xin nghe.
안녕하세요, ABC 레스토랑입니다.

Khách
손님
Xin Chào. Em muốn đặt bàn cho 2 người.
안녕하세요. 2명 예약을 좀 하고 싶습니다.

Nhân viên
Dạ, Anh/Chị muốn đặt lúc mấy giờ?
네, 알겠습니다. 언제로 예약해드릴까요?

Khách
7 giờ rưỡi tối nay được không ạ?
오늘 밤 7:30으로 부탁드립니다. 가능한가요?

Nhân viên
Chờ một chút xíu nhé. Để em xem chỗ. A lô, Chúng em sẽ giữ
bàn cho anh/chị. Em có thể biết tên của anh/chị không?
잠깐만요. 확인 좀 먼저 할게요. 여보세요, 예약해드리겠습니다. 성함이 어떻게
되나요?

Khách
Em tên là Son Cheol Min.
손철민입니다.

Nhân viên
Dạ rồi, Cho em biết số điện thoại của anh/chị.
네, 알겠습니다. 선생님 전화번호가 어떻게 되나요?

Khách
Số của em là 010-3220-6029.
010-3220-6029입니다.

Nhân viên
Xin cám ơn anh/chị. Rất mong được phục vụ anh/chị vào tối nay.
감사합니다. 오늘 밤 선생님의 방문을 기다리겠습니다.

---

chờ 기다리다 giữ bàn 자리를 잡다, 예약하다 số điện thoại 전화번호

Q 3 Giao tiếp trong nhà hàng

식당에서 음식 주문하기

 16-05

 샘의 *Tips*

Đĩa/Dĩa(접시 : Một đĩa cơm chiên) bát/chén (그릇, 보통 밥에 사용 : ba chén cơm), tô (그릇, 국수/면류에 사용 : 2 tô phở), cốc/ly (잔 : 3 ly cà phê sữa đá) 등 명사에 맞춰 세는 단위를 익혀둡시다.
북부/남부에서 주로 사용하는 순서이며, 실제로 사용하는 단어가 다른 경우가 많습니다!

 &A

Nhân viên phục vụ
종업원

Xin chào, anh/chị đi bao nhiêu người à?
안녕하세요. 몇 분이 오셨나요?

Khách
손님

Cho một bàn 2 người dùm. Có bàn trống nào không?
두 명입니다. 자리 있나요?

NVPV

Dạ có. Lối này ạ.
네. 이쪽으로 오시죠.

– 자리에 앉은 후 –

NVPV

Anh/chị đã sẵn sàng gọi món chưa ạ?
지금 주문하시겠습니까?

Khách

Chờ một chút, cho em xem thực đơn. Lát nữa gọi món được không?
잠시만요, 메뉴 좀 보고 조금 있다가 주문해도 될까요?

NVPV

Dạ rồi.
네, 알겠습니다.

Khách

Em ơi. Cho em một đĩa cơm chiên hải sản, một tô phở và một bánh xèo.
저기요, 해산물 볶음밥 하나, 쌀국수 하나 그리고 반쎄오 하나 주문할게요.

NVPV

Dạ. Anh/Chị có uống gì không ạ?
네, 알겠습니다. 음료는 무엇으로 주문하실 건가요?

Khách

2 trà đá.
아이스티 두 잔 주세요.

NVPV

Món ăn đã sẵn sàng, chúc quý khách ngon miệng!
주문한 음식 나왔습니다. 맛있게 드세요!

Khách

Dạ Cám ơn.
알겠습니다, 감사합니다.

Nhân viên phục vụ 종업원, 웨이터 lối này ạ 이쪽으로 오세요(this way, please) sẵn sàng 준비된 gọi món 음식을 주문하다 thực đơn 메뉴, 메뉴판 lát nữa 조금 후에 cơm chiên 볶음밥 hải sản 해산물 tô 그릇을 셀 때 쓰는 단위 bánh xèo 베트남식 부침개

Q4 Gọi món trên điện thoại

전화로 음식 주문하기

 16-06

샘의 *Tips*

~좀 주문할게요는 앞에 Cho em(tôi) ~ 로 표현합니다. 이 뿐만 아니라 Cho em 은 ~을 부탁할 때 다양하게 사용됩니다.

예 Cho em hỏi ~ 좀 물어볼게요, Cho em biết ~ 좀 알려주세요

Nhân viên 종업원
Xin chào, KFC xin nghe, Anh/Chị gọi món gì ạ?
안녕하세요, KFC입니다. 뭘 주문하시겠습니까?

Khách 손님
A lô, xin chào, Cho em hai cái bơ gơ phô mai và một phần cơm gà.
여보세요. 치즈버거 두 개랑 치킨 밥 하나 주문할게요.

Nhân viên
Dạ rồi. Anh/Chị có cần thêm gì nữa không ạ?
네, 알겠습니다. 더 필요하신 건 없으신가요?

Khách
Dạ không. Thế thôi nhé.
네, 없습니다. 그것만 주문하죠.

Nhân viên
Dạ. Cho em biết địa chỉ của anh/chị.
네. 주소 좀 알려주시겠어요?

Khách
Chung cư sky garden 2B 3-9.
스카이가든 아파트 2B, 3-9번지입니다.

Nhân viên
Số điện thoại của anh/chị là số mấy ạ?
전화번호 좀 주시겠습니까?

Khách
Dạ. Số của em là 010-6637-2125. Khoảng mất bao lâu ạ?
네. 제 번호는 010-6637-2125입니다. 혹시 얼마나 걸릴까요?

Nhân viên
Chắc khoảng 20 phút ạ. Tất cả là 200,000 đồng
약 20분 정도 걸릴 것 같습니다. 총 금액은 20만동입니다.

Khách
Dạ rồi. Cám ơn.　　　　　　　　　네, 알겠습니다. 감사합니다.

Nhân viên
Không có chi, Chúc anh/chị một ngày vui vẻ
알겠습니다! 즐거운 하루 되십시오.

---

gọi món 음식을 주문하다, 시키다 **bơ gơ** 햄버거 **phô mai** 치즈 **phần** 부분, 몫, (수량의) 단위 **thế thôi** 그것뿐이다 **địa chỉ** 주소

Đặt vé máy bay qua điện thoại
전화로 항공권 예약하기

 16-07

샘의 *Tips*

보통 회화체에서 문장 끝에 giùm, dùm, giúp + em 를 사용하면 조금 더 정중한 부탁의 표현을 할 수 있습니다.

Công ty du lịch
여행사
Công ty du lịch RMR xin nghe. em có thể giúp gì không ạ?
RMR 여행사입니다. 무엇을 도와드릴까요?

Khách
손님
Xin chào, em muốn đặt vé đi Hà Nội vào ngày 21 tháng 6.
네. 6월 21일 하노이 행 항공권을 예약하고 싶습니다.

Công ty du lịch
Dạ rồi, anh/chị vui lòng chờ trong ít phút để em xem còn vé không.
알겠습니다. 항공권 체크를 해볼 테니 잠시만 기다려주시겠습니까?

A lô, Vé cho chuyến bay đó chỉ còn ghế buổi chiều thôi, buổi sáng thì hết vé rồi. Chuyến bay buổi chiều khởi hành lúc 18:30. Anh/Chị muốn em dành sẵn cho anh/chị một ghế không?
여보세요. 해당 날짜에는 현재 오전 출발편은 매진이고, 오후에 출발하는 항공권만 남아있습니다. 오후 비행편은 18:30분에 출발 예정입니다. 이 비행편으로 예약해드릴까요?

Khách
Dạ đặt vé một chiều dùm em.   네, 편도로 예약 부탁드립니다.

Công ty du lịch
Anh muốn đặt vé hạng thường hay hạng thương gia?
일반석(이코노미석)으로 해드릴까요, 비즈니스석으로 해드릴까요?

Khách
Em đi vé hạng thường.   일반석(이코노미석)으로 해주세요.

Công ty du lịch
Dạ rồi. Cho em biết tên và ngày tháng năm sinh của anh/chị
알겠습니다. 성함이랑 생년월일이 어떻게 되시나요?

Khách
Em tên là Ha Heon Woo. Ngày 12 tháng 10 năm 1988. Giá vé là bao nhiêu?
제 이름은 하헌우이고, 생년월일은 1988년 10월 12일입니다. 티켓 가격은 얼마인가요?

Công ty du lịch
130 đô la ạ. Đặt vé xong rồi, anh/chị vui lòng thanh toán tiền vé trước 6 giờ chiều ngày mai tại văn phòng chúng em.
130달러입니다. 예약은 완료되었고, 내일 오후 6시 전까지 저희 사무실에 들러서 결제해주시면 됩니다.

Khách
Rồi, khoảng 3 giờ chiều em đi.   좋습니다. 오후 3시경에 들리겠습니다.

Công ty du lịch
Anh/chị có hỏi gì thêm không ạ?   다른 궁금한 점 있으신가요?

Khách
Dạ không, cảm ơn nhiều.   아니오, 없습니다. 감사합니다.

---

vui lòng (vui lòng +동사)~하시겠습니까? vé 티켓 chuyến bay 비행기편 ghế 의자, 자리 hết vé 매진되다 khởi hành 출발하다, 시행하다 dùm ~해주세요 hạng thường 이코노미석 hạng thương gia 비즈니스석 ngày tháng năm sinh 생년월일 thanh toán 결제하다, 정산하다, 계산하다 văn phòng 사무실

샘의 *Tips*

đi thẳng 직진, quẹo(rẽ) phải 우회전, quẹo(rẽ) trái 좌회전, quay đầu xe 유턴

&A

Tài xế Taxi
택시기사
Xin chào, Anh/Chị đi đâu ạ?
안녕하세요, 어디 가시나요?

hành khách
탑승자
Chào anh/chị, chở em đi chung cư Reverpark Jang Han Pyeong.
안녕하세요, 장한평역 리버파크로 가주세요.

Tài xế Taxi
Dạ vâng.   알겠습니다.

hành khách
Xin lỗi, tới đó mất khoảng bao lâu ạ?
혹시 얼마나 걸리는 지 알 수 있을까요?

Tài xế Taxi
Giờ này hơi kẹt xe nên mất khoảng 30 phút.
지금 길이 좀 막혀서 한 30분 정도 걸릴 것 같습니다.

hành khách
Vậy à? Anh có thể đi nhanh hơn một xíu được không ạ?
Em có việc gấp.
그래요? 죄송하지만 급한 일이 있어서 그런데, 조금 빨리 가주실 수 있나요?

Tài xế Taxi
Dạ rồi, em cố gắng đi nhanh.
네, 최대한 빨리 가도록 하겠습니다.

– 목적지 도착 후–

Tài xế Taxi
Tới nơi rồi, 19,000 won.   19,000원입니다.

hành khách
Dạ, cho em cái hóa đơn.   네, 영수증 좀 주시겠어요?

Tài xế Taxi
OK, hóa đơn đây.   알겠습니다. 여기 있습니다.

hành khách
Cám ơn.   감사합니다.

---

tài xế 기사 hành khách 탑승자, 승객 chung cư 아파트 tới 도착하다, 오다, 다음의 kẹt xe 길이
막히다, 교통체증 việc gấp 급한 일

Q7 Giao tiếp về thể thao

운동(스포츠)에 대해서 대화하기

 16-09

샘의 Tips

bóng đá 축구, bóng rổ 농구, bóng chày 야구, bóng chuyền 배구, bi-a 당구, bôling 볼링, bóng bàn 탁구, bơi lội 수영

&A

A Chào bạn, bạn thích chơi môn thể thao nào?
안녕하세요, 당신은 어떤 스포츠를 좋아하시나요?

B Mình thích chơi bóng đá nhất, còn bạn?
저는 축구를 가장 좋아합니다. 당신은 어떤 것을 가장 좋아하시나요?

A Mình cũng thích chơi bóng đá. Không những thích chơi mà còn xem nữa.
저도 축구를 좋아합니다. 직접 하는 것 뿐만 아니라 보는 것도 좋아합니다.

B Bạn còn thích chơi gì nữa không?　　또 다른 즐겨 하는 스포츠가 있나요?

A Mình thích đi phòng tập thể dục. Mình nghĩ bài tập thể dục giúp cơ thể khỏe mạnh.
헬스를 즐겨 합니다. 운동은 몸을 건강하게 만들어 준다고 생각합니다.

B Đúng rồi. Bạn đi phòng tập thể dục ở đâu vậy?
맞습니다. 헬스클럽은 어디로 다니시나요?

A Mình đi phòng tập thể dục ở gần nhà. Mình đi tập thể dục 2 lần mỗi tuần.
집 근처에 있는 피트니스 센터를 이용합니다. 일주일에 두 번씩 운동을 하러 갑니다.

B Vậy ạ. Mình thường đi bộ gần nhà.
그렇군요. 저는 종종 집 근처에서 조깅을 합니다.

A Mình thấy đi bộ cũng là một trong những môn thể dục tốt. Bữa sau nếu có dịp thì chúng ta đi chơi bóng đá được không ạ?
조깅도 좋은 운동 중에 하나라고 생각합니다. 나중에 기회가 되면 같이 공 한 번 차시겠습니까?

B Dạ rồi. Có gì liên hệ sau nhé.　　좋습니다. 연락주세요.

A Dạ vâng, bữa sau gặp lại nhé.
네 알겠습니다. 나중에 뵙도록 하겠습니다.

---

môn thể thao 스포츠 cũng 역시, 또한 phòng tập thể dục 헬스클럽 tập thể dục 운동하다, 헬스하다 cơ thể 신체, 몸 khỏe mạnh 건강한, 튼튼한 đi bộ 산책하다, 조깅하다 bữa sau 나중에 liên hệ 연락하다 lại 다시

Q 8 Thanh toán ở nhà hàng(tiệm ăn)

레스토랑에서 주문 후 계산하기

 16-10

샘의 Tips 베트남에서는 본인이 카운터에 가서 계산을 하지 않고, 보통 종업원을 불러서 자리에서 계산을 합니다!

 Tính tiền em ơi 계산해주세요

 &A

NVPV Xin chào anh/chị, em có thể giúp gì không ạ?
종업원 안녕하세요, 무엇을 도와드릴까요?

Khách Xin chào, cho em xem thực đơn?
손님 네, 감사합니다. 메뉴 좀 볼 수 있을까요?

NVPV Dạ vâng. Thực đơn đây ạ. 물론입니다. 여기 있습니다.

Khách Dạ Cám ơn. Lấy một phần bít tết, xa lát cá hồi và khoai tây chiên.
감사합니다. 비프스테이크 하나, 연어 샐러드 하나, 감자튀김 하나 주세요.

NVPV Dạ rồi, anh/chị có uống gì không ạ?
네, 알겠습니다. 음료는 무엇으로 하시겠습니까?

Khách Dạ có, cho 2 ly bia tươi. 네, 생맥주 두 잔 주세요.

NVPV Món ăn đã sẵn sàng, chúc quý khách ngon miệng.
여기 있습니다. 맛있게 드십시오!

Khách Cám ơn. 감사합니다.

– 식사 후 –

Khách Em ơi, Tính tiền dùm. 저기요, 계산해 주세요.

NVPV Hóa đơn đây. Tất cả là 8 trăm nghìn.
여기 있습니다. 전부 800,000동입니다.

Khách Em trả bằng thẻ tín dụng được không?
신용카드로 계산할 수 있죠?

NVPV Dạ được. Anh/Chị có cần hóa đơn đỏ không ạ?
가능합니다. 레드빌(세금계산서)이 필요하신가요?

Khách Dạ có. Cám ơn nhiều 네, 주세요. 감사합니다.

NVPV Cám ơn, chào anh/chị ạ. 감사합니다. 안녕히 가십시오.

---

bít tết 스테이크 xa lát 샐러드 cá hồi 연어 khoai tây chiên 감자튀김 bia tươi 생맥주 tính tiền 계산하다 hóa đơn 영수증, 계산서 hóa đơn đỏ 세금계산서

Q 9 Mua vé xe lửa(=tàu hỏa)

기차표 구매하기

 16-11

셈의 *Tips*

가장 많이 쓰는 단위 mười 10, trăm 100, ngàn(nghìn) 1,000, triệu 1,000,000 은 기억해둡시다! 만 단위는 mười ngàn(만), một trăm ngàn(십만) 으로 표현합니다.

Nhân viên
직원

Xin chào! Em có thể giúp gì anh/chị?
안녕하세요! 무엇을 도와드릴까요?

Người Mua
구매자

Xin chào! Em muốn mua hai vé đi Nha Trang.
안녕하세요! 냐짱 가는 티켓 두 장을 구매하고 싶은데요.

Nhân viên

Khi nào anh/chị bắt đầu đi? Hôm nay à?
언제 출발하시는 거죠? 오늘인가요?

Người Mua

Dạ đúng rồi. Chiều nay đi.   그렇습니다. 오늘 오후에 가려고 합니다.

Nhân viên

Anh/Chị muốn mua vé một chiều hay khứ hồi?
편도를 원하세요, 아니면 왕복을 원하세요?

Người Mua

Em muốn mua 2 vé khứ hồi luôn, 3 ngày sau quay lại vào chiều thứ Bảy.
두 장 모두 왕복으로 해주세요. 돌아오는 것은 3일 후인 토요일 오후로 하고 싶습니다.

Nhân viên

Để em xem vé, chờ một chút nhé. Chúng em có 2 chuyến tàu vào ngày hôm đó, lúc 3 giờ chiều và 5 giờ chiều. Anh/chị muốn đặt khi nào?
잠시 티켓을 알아보겠습니다. 조금만 기다려주세요. 해당 날짜에는 오후 3시와 5시 두 편이 있습니다. 언제로 예약해드릴까요?

Người Mua

5 giờ chiều. Vậy tất cả giá bao nhiêu? 5시로 해주세요. 모두 얼마인가요?

Nhân viên

2 Triệu à. Một vé là 1 triệu.   한장에 백만동씩, 총 2백만동입니다.

Người Mua

Em tính bằng thẻ được không?   신용카드로 결제하고 싶은데, 가능하죠?

Người Mua

Dạ được. Cám ơn, Vé của anh/chị đây.
가능합니다. 감사합니다. 여기 선생님 표 드리겠습니다.

Nhân viên

Xin cám ơn.   감사합니다.

---

xe lửa(=tàu hỏa) 기차 một chiều 편도 khứ hồi 왕복 quay lại 돌아오다, 되돌아가다 chờ một chút 잠시만 기다려주세요 thẻ 카드

EXERCISE

해답은 바로 앞페이지 Q1~Q9에 있습니다.

Q1 호텔 객실 예약   6월 12일부터 17일까지 4박으로 방 하나 예약 부탁드립니다.

Em muốn ____ _____ 1 _____ từ ngày 12 đến ngày 17 tháng 6.

Q2 식당 예약   안녕하세요. 2명 예약을 좀 하고 싶습니다.

Xin Chào. Em muốn ____ ____ ____ 2 người.

Q3 식당에서 음식 주문   잠시만요, 메뉴 좀 보고 조금 있다가 주문해도 될까요?

Chờ một chút, ____ ____ ____ thực đơn. Lát nữa ____ ____ được không?

Q4 전화로 음식 주문   더 필요하신 것은 없으신가요?

Anh/Chị có ____ _____ ___ nữa không ạ?

Q5 항공권 예약   해당 날짜에는 현재 오전 출발편은 매진이고, 오후에 출발하는 항공권만 남아있습니다.

Vé cho chuyến bay đó chỉ ____ ____ buổi chiều thôi, buổi sáng thì ____ ____ rồi.

Q6 택시 타기   죄송하지만 급한 일이 있어서 그런데 조금 빨리 가주실 수 있나요?

Anh đi _____ ____ một xíu được không ạ? Em có _____ ____.

Q7 **좋아하는 운동** 안녕하세요, 당신은 어떤 스포츠를 좋아하시나요?

Chào bạn, bạn thích chơi ___ ___ ___ nào?

Q8 **식당에서 계산하기** 신용카드로 계산할 수 있죠?

Em ___ bằng ___ ___ ___ được không?

Q9 **기차표 구매** 두 장 모두 왕복으로 해주세요. 돌아오는 것은 3일 후인 토요일 오후로 하고 싶습니다.

Em muốn mua 2 ___ ___ ___ luôn, 3 ngày sau ___ ___ vào chiều thứ Bảy.

바로 써먹는 문장

역할극에 관한 다양한 표현을 응용할 수 있는 표현 Tip들입니다.

1 음식 좀 빨리 주시겠습니까?
Lấy món nhanh nhanh dùm em.

2 뭘 주문하시겠습니까?
Anh/Chị gọi món gì à?

3 빈 자리가 있나요?
Ở đây có chỗ ngồi không ạ?

4 커피, 계란후라이 그리고 반미를 주세요.
Xin một ly cà phê, ốp la và bánh mì.

5 출발지, 목적지와 당신의 비행날짜를 선택하십시오.
Hãy chọn điểm khởi hành, điểm đến và ngày đi.

6 저희 친구 몇 명은 나중에 합류할 것입니다.
Một vài bạn em đến sau.

7 죄송하지만 방 예약을 취소해주세요.
Em xin lỗi phải xin hủy đặt phòng.

8 메뉴 좀 볼 수 있을까요?
Cho em xin cái thực đơn.

9 음료는 무엇으로 하시겠습니까?
Anh/Chị có uống gì ạ?

10 더 필요하신 거 있으세요?
Có cần thêm gì nữa không ạ?

11 호텔/식당 명함을 좀 받을 수 있을까요?
Cho em xin cái danh thiếp được không ạ.

12 카드결제가 가능한가요?
Em trả bằng thẻ được không?

13 영수증을 주세요.
Cho em xin cái hóa đơn.